프란치스코 교황의 고요한 섬김

＊일러두기＊

- 이 책은 인공지능 언어 모델인 ChatGPT의 도움을 받아 작성되었습니다. ChatGPT가 제공한 정보를 바탕으로 서술하고 사실을 확인, 수정 및 보완하여 최종 원고를 완성하였습니다. 혹시 인용이나 사실 관계에 오류가 있을 경우, 독자 여러분의 너그러운 이해와 지적을 부탁드립니다.

- 이 책은 교황의 삶을 사실에 기반하여 감정적 서사와 메시지를 살려 문학적인 산문 형식으로 서술하였습니다.

- 이 책에 수록된 프란치스코 교황의 발언은 실제 사례와 기록에 기반을 두고 있으나, 일부(연한 색으로 표시된 부분)는 공식적인 문헌이나 보도자료에 명시되지 않은 발언으로, 저자는 교황의 삶과 발언에서 느낀 감정과 메시지를 문학적 장치와 감성적 요소를 활용하여 서술하였음을 밝힙니다.

인
창
수 지음

말없이 사랑했고, 조용히 세상을 품은 교황 프란치스코의 이야기

프란치스코 교황의 고요한 섬김

태 인 문 화 사

프롤로그

하얀 옷을
입은 사람,
세상을 품다

그는 조용히 떠났습니다.

어느 날 세상의 뉴스에 그분의 이름이 마지막으로 오르고, 바티칸의 하늘에는 슬픈 종소리가 울렸습니다. 하지만 그의 떠남은 끝이 아니었습니다. 오히려 우리가 다시금 '사랑이란 무엇인가'를 묻는 시작이었습니다.

프란치스코 교황.

그는 하얀 옷을 입고 세상의 가장 낮은 곳으로 향했습니다.

가난한 이의 곁에서 눈을 맞추고, 병든 자의 손을 잡

으며, 믿음이 다르다는 이유로 갈라진 이들을 포용하는 길을 걸었습니다. 그분은 말하지 않아도 믿을 수 있었고, 말보다 행동이 더 많은 울림을 주는 분이었습니다.

그의 리더십은 명령이 아닌 기도였고, 권위가 아닌 무릎 꿇음이었습니다. 세상의 중심 바티칸에서 가장 먼 곳, 아무도 주목하지 않는 이름 없는 존재에게까지 '당신은 소중하다'고 말해준 그 사람.

이 책은 그분이 살아낸 이야기입니다. 그리고 그분의

삶을 기억하려는, 우리 모두의 이야기입니다. 우리는 종교가 달라도, 살아온 길이 달라도 고통 앞에서 위로를 원하고, 외로움 속에서 손을 잡아주길 바라는 '같은 인간'입니다.

프란치스코 교황은 그 사실을 가장 진실하게, 꾸밈 없이 증명해 보였습니다. 이 책을 통해 우리는 그분의 섬김을 따라 걸어보려 합니다. 그분이 걸었던 길 위에서, 우리도 누군가의 상처를 어루만지고, 세상을 조금 더 따뜻하게 품을 수 있기를 바랍니다.

"나는 죄인이며,

하느님의 자비를 입은

사람입니다."

– 2013년 교황으로 선출된 직후,
언론 인터뷰에서 자신의
정체성을 묻는 질문에 대한 답변

차례

프롤로그 | 하얀 옷을 입은 사람, 세상을 품다

1부. 한 사람의 기도, 세상의 희망

성베드로 성당에 울려 퍼진 첫 발자국 · 17

가난한 사람들의 교황이라 불리다 · 20

교황청 안에서 들리는 웃음소리 · 24

그가 선택한 첫 번째 방문지는 어디였는가? · 27

교황과 소년의 포옹, 그날의 눈물 · 31

세계가 멈춘 날, 기도는 걸었다 · 34

2부. 섬김으로 이끄는 리더십

권력보다 중요한 것은 발 씻기는 마음 · 41

높은 자리에 있다면, 더 많이 꿇어야 한다 · 44

교황의 식탁, 평범한 식사에서 피어난 이야기 · 48

외로운 이를 위한 자리는 항상 준비되어 있다 · 51

바티칸이 아닌 거리에서 발견한 리더 · 55

광장 아래의 미용실, 이름 없는 이들을 위한 자리 · 58

3부. 만남은 기적을 낳는다

감옥의 죄수와 교황, 그리고 벽을 허문 시간 · 63

난민 아이와 교황, 이름 없는 포옹 · 66

아기에게 건넨 입맞춤이 가져온 기적 · 69

신념이 다른 이들과의 포옹 · 73

누군가를 이해한다는 건, 그들의 눈으로 세상을 보는 것 · 77

무릎을 꿇은 교황, 다시 일어선 청년 · 81

한국의 눈물 앞에서 노란 리본을 품은 교황 · 85

피 위에 선 기도, 광화문에서 울린 천천한 승리 · 88

그 만남은 삶을 다시 시작하게 했다 · 92

4부. 고요한 믿음의 외침

성경은 책이지만, 복음은 삶이다 · 99

젊은이들에게 건넨 희망과 용기 · 102

세속과 영혼 사이에서 균형을 잡는 법 · 107

교황이 우리에게 부탁한 기도 · 110

그가 올 때, 우리는 무엇을 보았는가? · 114

5부. 프란치스코, 그 이름의 의미

교황의 이름, 가난과 평화를 선택하다 · 119

아시시의 성자, 교황의 영혼 속 등불 · 123

나는 교황이기 전에, 당신의 형제입니다 · 127

'사랑하다' 보다 깊은 '함께하다' · 131

끝까지 인간이고자 한 교황의 고백 · 135

침묵의 기도, 세상을 울리다 · 138

우리에게 남긴 교황의 가르침 · 143

에필로그 | 뒷머리의 뒷모습

참고자료

"우리는 기억해야 합니다.

교회는 병원이 되어야 합니다.

전쟁터의 야전병원처럼요."

- 2013년, 「라 치빌타 카톨리카」와의
인터뷰 중 발언

1부

*

한 사람의 기도,
세상의 희망

성베드로 성당에
　　　울려 퍼진
첫 발자국

　성베드로 광장 위로 밤이 내려앉고, 바람마저 숨을 멈
춘 듯 고요했다. 그날, 세상은 하얀 연기를 기다렸다. 전
통의 굴뚝에서 피어오른 그 연기 한 줄기에, 수많은 영
혼들이 희망을 걸고 있었다. 잠시 후, 성당의 중앙 발코
니에 한 남자가 모습을 드러냈다.

　그의 어깨엔 하얀 망토가 드리워져 있었고, 얼굴에는
묘한 긴장과 온기가 동시에 어렸다. 사람들은 환호했고
플래시가 쏟아졌으며, 카메라는 숨 가쁘게 그를 따라갔
다. 하지만 그 남자의 첫 마디는, 세상의 소란을 잠재우

는 한 마디였다.

"부오나세라(Buona sera)"

그저 '안녕하세요'라는 저녁 인사였다.

하지만, 그 속엔 전례를 넘는 부드러움이 있었고, 권위가 아닌 친밀함이 깃들어 있었다.

그는 곧이어 말했다.

"여러분이 먼저 저를 위해 기도해 주십시오."

그 한 문장이 바티칸의 대리석 벽을 넘어, 사람들의 심장을 울렸다. 축복을 내리는 자리에서 교황이 우리에게 기도를 청하는 이 낮춤은, 단순한 겸손이 아니었다. 그것은 사랑의 시작이었다. 가장 높은 자리에 선 사람이 가장 낮은 자세로, 세상 앞에 무릎을 꿇었다. 그의 이름은 266대 교황에 선출된 프란치스코였다.

자애로운 인품과 이웃 사랑의 실천으로 많은 존경을 받아온 프란치스코 성인처럼 가난한 이의 곁에 머무르고, 고통의 한가운데로 들어가겠다는 뜻이다. 그 이름 속에는 다짐이 있었고, 그 첫 발자국에는 눈물이 있었다. 그날 밤, 하얀 옷을 입은 한 사람이 세상에 말없이 전했다.

"나는 신이 아니라, 당신의 형제입니다."

사람들은 환호했고, 동시에 울었다.

그 첫걸음은 교황이 된 순간이 아니라, 인간이 된 순간이었다. 이 발자국은 권좌의 무게보다 기도의 떨림을 택한, 사랑의 발자국이었다.

가난한 사람들의
교황이라
불리다

그는 교황이 되자마자, 자신에게 먼저 질문을 던졌다.

'나는 누구의 교황이 될 것인가?'

수많은 사람이 그를 기다리고 있었다. 권력자들이, 신학자들이, 성직자들이, 그리고… 이름 없는 이들이. 바티칸 담장 밖에서 삶을 버티며 살아가는, 말 없는 다수의 사람들. 그는 망설임 없이 선택했다. 높은 지붕 아래 앉아 세상을 내려다보기보다, 낮은 곳으로 내려가 세상을 끌어안는 쪽을.

바티칸의 교황청에는 아름다운 샹들리에가 빛나고,

고풍스러운 가구들이 세월을 지키고 있다.

하지만 그는 교황청 내의 전용 숙소로 들어가지 않았다. 오히려 작은 게스트하우스 '산타 마르타'로 들어갔다. 경호원들은 당황했고, 참모진은 고개를 갸웃거렸다. 그러나 그는 말했다.

"나는 혼자 있는 법을 배우는 것보다, 함께 있는 법을 잊지 않는 것이 더 중요하다고 생각합니다."

그의 방은 단출했다.

책상, 침대, 그리고 작은 십자가 하나. 가구의 수보다 기도의 시간이 더 많고, 외적인 위엄보다 내적인 침묵이 더 진하게 머무는 공간이었다. 그리고 아침이면 공동 식당으로 향했다. 소박한 식탁 위에서 주방 직원과 웃으며 인사를 나누고, 다른 손님들과 함께 줄을 서서 음식을 받았다.

사람들은 놀랐다. 하지만 곧 익숙해졌고, 이내 그 자리를 기다리는 마음이 생겼다.

'오늘도 교황님이 오실까?'

그의 존재는 엄숙함이 아니라 따뜻한 기대가 되었다. 그는 고급 차량도 거부했다. 소형차를 타고 바티칸 안팎을 다녔다. 대중교통을 이용하기도 했다. 수많은 플래시가 번쩍이는 순간에도 그는 옷깃을 여미며 조용히 웃었다. 세상의 시선보다 더 중요한 것은, '그의 시선이 어디를 향하고 있는가'였다.

그의 시선은 언제나 약한 자들을 향했다. 거리의 노숙자, 구호소의 난민, 벽 뒤의 죄수들. 그들은 오랜 시간 동안 교회의 관심 밖에 있었지만, 이제는 교황의 기도 안에 머물렀다. 그는 이렇게 말했다.

"교회는 고장 난 배와 같고, 내가 가장 먼저 손에 물을 묻혀야 한다."

그 말은 단지 겸손한 비유가 아니었다. 그는 정말로 세상의 눈물 속으로 걸어 들어갔고, 그곳에서 함께 울었다. 그래서 사람들은 그를 '가난한 사람들의 교황'이라 불렀다. 그 이름은 칭호가 아니라, 고백이었다. 그의 삶은 어떤 선언보다도 진실했고, 그 진실은 권위보다 깊고, 말보다 묵직하게 다가왔다. 그는 말없이 알려 주었다.

"진짜 리더는 높은 자리에 있는 이가 아니라, 낮은 곳으로 먼저 내려가는 사람입니다."

교황청
안에서 들리는
웃음소리

프란치스코 교황이 교황청에 들어가면서 가장 눈에 띄게 달라진 것은 분위기였다. 그는 교황으로서의 삶을 공식적인 자리에서만 수행하지 않았다. 그에게는 매 순간을 '인간적인 방식'으로 살아내려는 의지가 보였다.

교황은 교황청 아파트를 사용하지 않고, 바티칸 게스트하우스 '산타 마르타'에서 생활하기로 결정했다. 이는 그가 교황으로 선출된 지 단 며칠 만에 내린 결정으로, 바티칸 역사상 유례없는 선택이었다. 산타 마르타는 바티칸 내 직원들이나 방문자들이 머무는 숙소로, 성직자들이 함께 식사하는 공동 식당이 있다.

교황은 매일 이곳에서 신부, 수녀, 평신도들과 함께 식사하며 소박한 식단을 나누었다. 또한 그는 자신의 방에 직통 전화기를 설치해 바티칸 직원들과 직접 통화하는 등, 의전을 통한 간접 소통보다는 직접 대화를 선호했다. 심지어 일반 시민들에게 직접 전화를 걸어 위로하거나 격려한 사례도 여러 차례 보도되었다.

프란치스코 교황은 공식 석상에서도 종종 유머를 사용해 긴장을 풀었다. 예를 들어, 어느 날 주일 삼종기도에서 그는 '강론이 너무 길면 신자들이 지루해집니다. 짧게 하세요.'라고 말하며, 성직자들에게 짧고 핵심적인 강론을 하라는 당부를 유쾌하게 전달했다.

그는 어린아이들이 미사 중 뛰어놀거나 울음을 터뜨려도 멈추지 말고 그냥 두라고 말했다.

"아이들의 울음은 생명의 음악입니다"라고 유머러스하게 표현하며, 교회가 더 포용적이고 열린 공간이 되기를 바랐다.

이러한 모습은 바티칸 안팎에 전해지며 교황청의 이미지에 변화를 불러왔다. 사람들은 그를 통해, 교회란 반드시 엄숙하고 차가운 곳만은 아니라는 사실을 다시금 깨달았다. 엄격한 계급과 권위가 중심이던 조직 안에 미소와 웃음, 인간미가 서서히 스며들기 시작한 것이다. 프란치스코 교황의 유머는 단지 개인적 성격이 아니라, 그가 세상을 바라보는 방식의 표현이었다.

"진리를 전하되, 무겁지 않게. 신앙을 말하되, 두렵지 않게. 가까이 다가가되, 부담스럽지 않게."

그가 교황청에 남긴 웃음소리는, 단지 분위기를 바꾼 것이 아니라, 사람의 얼굴을 기억하고, 이름을 불러주는 리더십이 얼마나 큰 울림이 되는지를 보여주는 상징이 되었다.

그가 선택한
　　첫 번째 방문지는
어디였는가?

2013년 7월 8일, 프란치스코 교황은 교황 즉위 후 처음으로 바티칸을 떠났다. 그가 선택한 곳은 로마도 아니었고, 유럽의 수도들도 아니었다. 그의 첫 방문지는 이탈리아 최남단에 위치한 람페두사(Lampedusa), 절망이 밀려드는 섬, 그리고 유럽이 가장 먼저 외면했던 경계의 땅이었다.

람페두사는 아프리카와 중동에서 유럽으로 향하는 난민들이 가장 먼저 도착하는 섬이다. 그러나 '도착'은 항상 살아남음을 의미하지 않았다. 작은 고무보트, 낡은

목선, 식수도 없이 떠나는 절박한 항해. 많은 사람들은 그곳 해안선을 보지 못한 채 바다에 스러져갔다. 2013년 상반기 동안에도 수백 명의 난민이 지중해에서 목숨을 잃었다.

교황은 그 참혹한 소식을 듣고, "그들을 기억하지 않는 교회가 무슨 자격으로 복음을 말할 수 있겠는가?"라고 말했다. 그는 어떤 의전도 없이 조용히 섬을 방문했다. 대통령도, 국왕도 아니기에 그는 먼저 해변에 세워진 이주민 추모비 앞에 무릎을 꿇고 기도했다. 바람은 거칠었고, 파도는 높았으며, 그의 얼굴엔 바닷소금이 맺혔다.

이후 그는 특별히 준비된 제단에서 미사를 집전했다. 놀랍게도 그 제단은 실제 난민선의 목재를 뜯어 만든 십자가와 제대였다. 죽음을 품고 바다를 건너던 배가, 그날은 생명의 말씀을 품은 제단으로 다시 태어난 것이었다. 그 상징은 너무도 강력했다. 고통의 배가 복음의 자리로 바뀌는 순간, 모든 침묵이 울림이 되었다. 그의 강론은 간결하고 강렬했다.

"우리는 익숙함에 마비되어, 수많은 죽음을 '숫자'로만 받아들입니다. 우리는 더 이상 눈물을 흘리지 않습니다. 우리는 형제와 자매의 죽음을 대가 없는 뉴스로 여깁니다. 무관심의 세계화가 우리를 마비시키고 있습니다."

이날, 프란치스코 교황은 새로운 시대를 선언했다. 이는 단지 방문이 아닌, 교황직의 방향성을 공개적으로 밝히는 상징적 행위였다. 그는 교황청이 아닌 해변에서, 비단 제의가 아닌 바람에 흩날리는 백색 의복으로, 소외된 이들과 함께하겠다는 언약을 드러냈다.

람페두사 방문 이후, 그는 지속적으로 난민 보호와 수용을 강조했다. 2016년에는 시리아 난민 가족 3가구를 바티칸으로 직접 초청해 보호하며, 교회는 '말보다 행동으로 사랑을 보여야 한다'는 입장을 분명히 했다.

그가 교황으로서 세상에 내딛은 첫 걸음은 찬란한 조명 아래가 아니었다. 그의 첫 길은, 소리 없이 스러져간

수많은 생명을 향한 조문이었고, 우리 모두가 외면했던
땅 위에서 시작된 사랑과 책임의 선언이었다.

교황과 소년의
포옹,
그날의 눈물

2013년 10월, 프란치스코 교황은 바티칸 성베드로 광장에서 열리는 '가정의 해'를 기념한 공개 미사를 집전하고 있었다. 전 세계에서 모인 수많은 가족들이 그 자리를 함께했고, 광장은 장엄한 예식과 축복의 기운으로 가득했다. 하지만 그날, 누구도 예상치 못한 일이 일어났다.

미사가 한창 진행되던 중, 한 어린 소년이 제단으로 뛰어올라 교황을 끌어안은 것이다.

소년의 이름은 파올로 가브리엘리(Paolo Gabriel). 그는 당시 여섯 살이었고, 입양된 후 심리적으로 많은 어려움을 겪던 중이었다. 사람과 시선을 두려워하고, 외부와의 접촉을 힘들어했던 그 아이가, 수천 명의 눈이 쏠린 그 순간, 교황을 향해 달려간 것이었다. 순간 경호원들이 움직이려 했지만, 교황은 그를 막지 않았다.

오히려 아이의 어깨를 감싸 안고 조용히 미소 지었다. 아이 역시 교황의 의복 자락을 놓지 않고 한동안 그 곁에 서 있었다. 그 장면은 전 세계 생중계 화면에 담겼고, 광장에 모인 사람들은 울음을 삼켰다. 아이의 행동은 즉흥적이었다.

하지만 교황은 그 안에 본능적인 신뢰와, 보호받고 싶은 마음이 있음을 알아차렸다. 그는 그 자리에서 아무 말 없이 아이의 머리를 쓰다듬었고, 소년은 더 이상 두려워하지 않았다. 오히려 교황 옆에 앉고, 손을 잡고, 심지어 다른 내빈들의 의자에 앉아 보는 천진한 모습까지 보였다. 프란치스코 교황은 끝까지 그 아이를 제지하지 않았다. 그 순간, 교황의 제단은 더 이상 의례의 공간이 아니라, 환대와 수용의 상징이 되었고, 사랑을 입은 아이의 쉼터가 되었다.

그날 이후, 수많은 언론은 이 장면을 "교황직의 진정한 본질을 보여준 장면"이라며 보도했다.

성직자와 아이, 제단과 거리, 권위와 신뢰. 그 모든 경계를 허문 포옹은 신앙의 핵심이 '가까이 다가감'에 있음을 조용히 증명했다.

파올로는 이후 안정적인 삶을 회복하며 학교에 다니고 친구들과 어울릴 수 있게 되었다고 전해진다. 많은 심리학자와 아동 전문가들은 그날 교황의 반응이 아이의 삶에 중대한 전환점이 되었을 것이라 평가했다. 교황은 그날 아무 말도 하지 않았지만, 그가 보여준 한 동작이 말보다 더 큰 울림을 남겼다. 그날의 포옹은, 상처받은 모든 이들에게 전해진 무언의 메시지였다.

"당신은 환영받는 존재입니다. 그리고 지금 이 순간, 나는 당신 곁에 있습니다."

세계가
멈춘 날,
기도는 걸었다

2020년 3월 27일.

로마의 하늘은 회색이었다. 성베드로 광장은 텅 비어 있었고, 세상의 문도, 사람들의 마음도 닫혀 있었다. 코로나19 팬데믹. 숫자는 매일 기록을 갈아치웠고, 뉴스는 더 이상 희망을 말하지 않았다. 거리는 고요했다. 하지만 고요는 평화가 아니었다. 두려움과 상실, 고립과 슬픔의 침묵이었다.

그날, 프란치스코 교황은 조용히 광장으로 걸어 나왔다. 비는 내리고 있었고, 세상은 멈춰 있었다. 그러나 그의 발걸음은 움직이고 있었다. 코로나19로 세상 모든 사람들이 두려움에 떨던 그 시간에 인류를 위한 간절한 기도를 바치기 위해 비에 젖은 돌바닥 위를 천천히, 묵직하게 걸었다. 한 손엔 복음서, 다른 손엔 세상을 향한 기도. 걸어가는 그의 뒷모습은 말이 없었고 광장은 비어 있었지만, 수백만 명이 화면 앞에서 그를 지켜보았다.

교황의 그 따뜻한 마음과 인류를 위한 사랑은 하늘보다 더 크게 울렸다. 그가 도착한 곳은 십자가 앞이었다. 흑사병 시대 로마를 지킨 '기적의 십자가'. 1522년 흑사병이 창궐했던 시기에 신자들이 이 십자가를 앞세워 참회의 행진을 하자 로마에서 흑사병이 물러갔다고 해서 '기적의 십자가'로 불리는 그 앞에서 그는 말없이 무릎을 꿇었다. 그의 옷은 젖었고, 그의 등은 구부러졌으며, 그의 눈은 감겨 있었다. 전 세계를 향한 특별기도는 어떤 설교보다 깊었다.

그 순간, 세계 곳곳의 병원에선 의사들이 눈을 떴고, 홀로 격리된 이들의 눈가에는 눈물이 흘렀다. 그날, 사람들은 깨달았다. 기도는 물리적 거리를 초월하고, 희망은 한 사람으로부터 다시 시작된다는 것을.

교황은 말했다.

"왜 겁을 내느냐? 아직도 믿음이 없느냐."

그리고 또 말했다.

"우리 인생의 배에 주님을 모십시다!"

하느님과 함께라면 생명은 결코 죽지 않고 영원하기 때문에 그의 그 한 문장이, 누군가에게는 포기하려던 인생의 방향을 되돌렸고, 누군가에게는 멀어진 하느님과의 대화를 다시 시작하게 했다.

그날 이후,

어떤 사람은 혼자 밥을 먹으며 기도하기 시작했고, 어떤 이는 외로움 속에서 '그래도 나와 함께 기도하는 사람이 있다'는 사실 하나로 하루를 버텼다. 그리고 우리는 지금도 기억한다. 비가 내리던 그날, 모두가 멈췄지만 한 사람의 기도가 세상을 걸었다.

그는 지도자이기 전에 중보자였고, 예언자이기 전에

형제였으며, 교황이기 전에 우리를 위해 기도하던 단 한 사람이었다. 그의 무릎 위에서 세상의 절망이 기도로 바뀌었고, 그의 손끝에서 사랑이 다시 말문을 열었다.

　세상이 모두 멈췄던 2020년 봄, 기도는 걸었고, 희망은 다시 태어났다.

2부

*

섬김으로 이끄는
리더십

권력보다
중요한 것은
발 씻기는 마음

기독교 전통에서 성목요일(Holy Thursday)은 예수가 최후의 만찬에서 제자들의 발을 씻긴 날로 기억된다. 주님이 스승이 아닌 종의 자리에 내려와, 제자 하나하나의 발을 씻겼다는 이 이야기는 기독교 섬김의 본질을 담은 핵심 장면 중 하나다.

프란치스코 교황은 이 전통을 단순한 의식으로 넘기지 않았다. 그는 이를 가장 실천적으로 실현하는 예식으로 바꾸어냈다. 2013년, 교황으로 선출된 지 한 달도 되지 않은 해의 성목요일. 그는 성베드로 성당이 아니라,

로마 외곽의 청소년 구치소로 향했다. 그곳에서 소년 죄수 12명의 발을 직접 씻어주고, 수건으로 닦고, 입을 맞췄다. 이 중에는 무슬림도 있었고, 여자아이도 있었으며, 외국 출신 이주 청소년도 있었다. 이는 가톨릭 역사상 전례 없는 일이었다.

이전까지 교황은 성직자의 발을 씻어주는 것이 관례였지만, 프란치스코 교황은 단호하게 말했다.

"예수께서 제자들의 발을 씻어주셨듯이, 우리도 형제들의 발을 씻어주어야 합니다. 지위가 아니라, 사랑이 먼저입니다."

이후 그는 매년 성목요일마다 교도소, 난민 수용소, 장애인 보호시설 등을 찾아 직접 가장 낮은 자리에 앉아 사람들의 발을 씻어주었다. 그중에는 HIV 감염자, 무슬림, 불법 이민자, 트랜스젠더도 포함되어 있었다. 그는 그들에게 '이 순간, 나는 당신을 존중하고 섬깁니다'라는 메시지를 손끝으로 전했다.

손으로 발을 닦는 그 행위는 단순한 세정이 아니라,

세상의 편견을 씻어내는 사랑의 선언이었다. 미디어는 이를 두고 "가장 강한 힘은, 낮은 곳으로 향하는 용기다"라고 평했다.

교황의 세족식은 점점 더 많은 이들에게 '신앙은 지시하는 것이 아니라 실천하는 것'임을 깨닫게 했다. 어떤 해에는 발을 닦아주는 중 한 난민 여성이 눈물을 흘리자 교황은 자신의 수건으로 그녀의 눈물을 닦아주었다. 그 장면은 많은 이들의 심장을 울렸고, '이것이 교회가 나아가야 할 방향이구나'라는 반향을 불러일으켰다.

프란치스코 교황에게 세족식은 전례가 아니라 삶의 방식이었다. 그는 리더란 먼저 손을 내미는 사람이어야 하며, 누군가의 상처와 피곤함을 기꺼이 닦아주는 존재여야 한다고 믿었다. 그날 교황이 무릎을 꿇은 자리는 단지 사람의 발 아래가 아니었다. 그는 우리 모두가 외면해온 진실, 그리고 인간의 존엄 앞에 꿇은 것이었다.

높은 자리에 있다면,
더 많이
끓어야 한다

그가 교황으로 선출된 직후, 사람들은 그의 옷차림을 주목했다. 화려한 비단이 아닌 단정한 흰색 수단, 황금 십자가 대신 단순한 철제 십자가 하나. 그의 첫인사에서 부터 세상은 무엇인가 달라졌음을 느꼈다.

프란치스코 교황은 가장 높은 자리에 오르자, 가장 먼 저 무릎을 끓었다. 군중에게 "저를 위해 기도해주십시 오"라 말하던 그 순간부터, 그는 권위가 아닌 기도의 자 세로 세상을 이끌었다. 그는 종종 말했다.

"높은 자리에 있다는 것은 더 많이 섬기라는 뜻입니

다. 높이 선 사람은, 더 자주 무릎을 꿇어야 합니다."

그리고 그는 그 말을 말로만 하지 않았다. 매일의 삶에서, 작은 행동 하나하나에 깃든 그 '무릎'의 자세를 보여주었다.

하나의 나라이자 종교의 중심지인 바티칸에는 오랜 전통과 규범이 있다. 교황은 리무진에 오르고, 전용 궁에 머물고, 시종의 도움을 받으며 오직 축복을 내리는 자리에서 존재감을 드러낸다. 하지만 그는 그 전통을 '사랑'이라는 잣대로 다시 썼다. 교황궁을 마다하고, 직원들과 함께 머무는 게스트하우스를 택했다.

한 번도 얼굴을 마주하지 못했던 주방 직원에게도 매일 아침 "부온죠르노(Buongiorno)!" 인사를 잊지 않았고, 심지어 자신이 묵은 방의 숙박비를 직접 계산하기 위해 서류를 들고 사무실에 나타난 교황에게 직원들은 아무 말도 할 수 없었다. 그저 고개를 숙였고, 어떤 이들은 조용히 눈시울을 붉혔다.

그는 늘 작은 차를 타고 다녔다. 군중을 뚫고 지나가

는 고급 차량 대신, 구불구불한 길을 조용히 지나며 '교황'이라기보다 '곁에 있는 사람'이 되기를 택했다. 사람들은 말했다.

"교황님은 우리를 내려다보지 않습니다. 오히려 우리 눈높이로 와서 앉아 주십니다."

한 신부가 그에게 물었다.

"교황님, 리더십이란 무엇입니까?"

그는 잠시 생각하다 대답했다.

"아마도… 무릎 꿇는 용기일 겁니다. 누군가를 위해 더 자주 무릎을 꿇고, 더 자주 기도하고 더 많이 용서하는 것. 거기서 진짜 리더십이 나옵니다."

그에게 무릎은 단지 육체의 낮춤이 아니라, 영혼의 깊이를 상징하는 자세였다. 기도할 때 꿇고, 용서를 구할 때 꿇고, 상처 입은 이를 마주할 때 꿇었다. 그 무릎은 바닥을 닿았지만, 동시에 가장 높은 사랑의 자리를 보여 주었다.

이 시대, 많은 이들이 권위를 말하고 힘을 말한다. 그

러나 그 누구도 말하지 않는 방식으로, 프란치스코 교황
은 조용히 말했다.

"무릎 꿇는 사람이 가장 강한 사람입니다."

교황의 식탁,
    평범한 식사에서
피어난 이야기

프란치스코 교황의 하루는 평범하게 시작된다. 화려한 의전도, 특별한 아침 식사도 없다. 그가 앉는 식탁은, 바티칸 내 게스트하우스 산타 마르타의 공동 식당. 그곳은 세계 각국에서 모인 성직자들이 묵는 공간으로, 매일 아침마다 트레이를 들고 줄을 서야 음식을 받을 수 있는 말 그대로 '식당'이다.

그리고 교황은 언제나 그 줄에 함께 선다. 자신의 접시를 들고, 커피를 따르고, 직원에게 먼저 "안녕하세요" 인사하는 그의 모습은 처음 본 사람들에게는 경이로움 그 자체였다. 그는 "함께 먹는 식사가 곧 공동체"라고 말했다. 자신을 대접하기 위한 특별한 자리를 거부하고, 대화를 나눌 수 있는 자리, 이름을 기억하고 마음을 나눌 수 있는 자리를 택했다.

한 직원은 이렇게 회고했다.

"교황님께서는 내 이름을 부르십니다. 내 이름을 불러 주시는 그 순간, 나는 존재의 무게를 느낍니다."

실제로 프란치스코 교황은 바티칸에서 함께 일하는 이들의 이름을 기억하려 노력했다. 그는 식사 중에도 정치나 신학보다 사람 이야기를 더 많이 했다.

"당신의 가족은 잘 잘 지내고 있나요?", "어머니는 건강하신가요?", "어제 얼굴이 피곤해 보였어요."

그는 늘 작은 것에 귀 기울였다. 작은 것 속에 사랑이 숨어 있다는 것을 믿었기 때문이다.

그의 식탁은 수많은 울림을 낳았다.

어떤 이는 그와 나눈 짧은 대화 한 마디에 눈물을 흘렸고, 어떤 이는 그가 따뜻하게 웃으며 던진 "괜찮으신

가요?"라는 질문 하나에 몇 해의 외로움이 씻겨 내려갔
다고 말했다. 그에게 식사는 생존이 아니라, '동행'이었
다. 같은 음식을 먹으며 삶을 나누고, 말을 나누며 고요
히 귀를 기울이는 시간이었다. 교황은 말한다.

"사랑은 큰일이 아닙니다. 식사를 나누는 것처럼, 작
지만 반복되는 순간에서 자라는 것이 사랑입니다."

한 번은 외국에서 온 신부가 긴장한 얼굴로 식당에 들
어섰고, 교황은 자리를 옮겨 그 옆에 앉았다. 그리고 그
가 좋아하는 요리를 권하며 이렇게 말했다.

"여기선 누구든 혼자 먹지 않습니다."

그 순간, 식탁은 더 이상 단순한 공간이 아니었다. 그
곳은 고립이 녹아내리고, 낯섦이 희미해지고, 사람이 사
람에게 다가가는 공간이 되었다.

프란치스코 교황은 제단에서만 복음을 전한 것이 아
니었다. 그는 식탁에서도 복음을 나누었다. 그는 말보다
조용한 행동으로 말했고, 조용한 행동 속에서 세상은 가
장 큰 위로를 받았다.

외로운 이를 위한
　　　　　자리는
항상 준비되어 있다

프란치스코 교황이 교황청 밖으로 나갈 때, 그가 가장 자주 향한 곳은 화려한 회담장이 아니었다. 그의 걸음은 언제나 소외된 이들의 자리, 사람들이 잘 찾지 않는 곳으로 향했다.

그는 종종 병원을 찾았고, 노인요양시설이나 고아원, 장애인 보호소를 방문했다. 카메라 플래시가 번쩍이는 행사보다는, 세상의 주목을 받지 못하는 이들의 고요한 외로움 속으로 걸어 들어갔다. 그는 이렇게 말한 적 있다.

"우리 시대의 가장 심각한 가난은, 버려졌다고 느끼는

외로움입니다."

한 번은 이탈리아 로마 외곽의 노인요양시설을 찾았
다. 그곳에서 그는 한 할머니의 손을 오래 붙잡고 있었
다. 그녀는 아무 말도 하지 않았지만, 눈에는 눈물이 고
여 있었다. 말보다는 손을 잡아주는 따뜻함이, 그 어떤
기도보다 강한 위로가 되었다.

또 다른 날, 그는 말기암 환자들이 머무는 완화의료병
동을 찾았다. 보통 교황이 가기엔 위험하고, 조용한 공
간이라 추천이 꺼려졌던 곳이었다. 하지만 그는 "가장
외로운 곳에 교황의 그림자라도 머물 수 있다면 가겠다"
고 답했다. 그날 그는 여러 환자들의 손을 잡고, 침대 곁
에 앉아 기도했으며, 몸을 움직일 수 없는 사람에게는
가만히 이마에 입을 맞췄다.

한 간호사는 이렇게 말했다.

"교황님께서는 축복을 '선포'하지 않으셨습니다. 그저
'함께' 계셨습니다. 그것만으로 충분했습니다."

그는 병자만을 찾은 것이 아니었다. 정신장애 아동

과 함께 웃고, 가족 없이 혼자 살아가는 노숙인과 대화를 나누며, 이름 없는 이들에게 먼저 이름을 물었다. 그는 바티칸 인근 거리에서 노숙자를 발견하면 직접 따뜻한 음식을 챙기도록 지시했고, 성베드로 광장 인근에 노숙인을 위한 샤워 시설과 미용 공간을 마련하기도 했다.

"그들도 존엄을 회복해야 합니다. 사랑은 조건 없이 다가가야 진짜 사랑입니다."

그의 말은 위선이 아니었고, 그의 행동은 복음이었다. 그는 말했다.

"교회는 병자와 죄인과 외로운 자에게 열린 병원이어야 합니다. 그들이 언제든 돌아올 수 있는 자리, 그 자리를 비워놓고 기다리는 것이 바로 교회의 역할입니다."

그 자리는 지금도 준비되어 있다. 누군가를 위한 빈자리. 그 자리는 말없이 말한다.

"당신이 외롭다면, 이 자리는 당신의 것입니다."

교황은 그 자리를 지키는 사람이었다. 소외된 이들을 위한 빈자리에 먼저 앉아, 누구든 함께하도록 손을 내밀었다.

바티칸이 아닌 거리에서 발견한 리더

밤이 내려앉은 로마의 거리. 가로등 아래 누군가 외투 깃을 세운 채 조용히 걷고 있었다. 멀리서 보면 평범한 노신부 같았지만, 그는 세상에서 가장 높은 자리에 있는 사람이었다. 교황 프란치스코. 그는 가끔 사복 차림으로 거리로 나갔다.

공식 일정 없이, 경호도 없이. 그저 바티칸을 나왔다. 조용히 도시를 거닐며 사람들의 얼굴을 마주하고, 밤하늘 아래 들려오는 작은 신음과 고독의 숨소리를 듣기 위해서였다.

한 번은, 로마 중심가의 한 노숙인 급식소를 방문했다. 그는 간단한 식사를 함께 나누고, 이름도 묻지 않고, 직분도 밝히지 않은 채 그저 귀 기울이고, 이야기를 듣고 있었다. 며칠 후 급식소 자원봉사자들은,

"어제 오신 분이 교황님이셨다고요?" 하며 믿을 수 없다는 표정을 지었다.

또 다른 날엔, 프란치스코 교황이 바티칸 외곽의 한 성당을 일반 신도들 사이에 앉아 고해성사를 보는 모습이 카메라에 포착되었다. 그는 자신이 먼저 사제가 있는 고해소에 들어가 죄를 고백했고, 그 후에야 고해를 주는 자리에 앉았다. 그에게 '리더'란 먼저 앉는 사람이 아니라, 먼저 다가가는 사람이었다.

2015년, 성금요일 십자가의 길 행사를 마친 뒤 그는 혼자 성당을 떠났다. 이유도, 목적도 밝히지 않았다. 그리고 며칠 뒤 밤늦게, 바티칸의 노숙인 쉼터를 찾아 조용히 앉았다. 그는 그곳의 난방 상태를 점검하고, 바닥에 깔린 매트 상태를 확인하고, 가만히 노숙인의 등을

토닥이며 앉아 있었다. 그는 말했다.

"세상은 리더에게 말하라고 요구합니다. 그러나 나는 먼저, 들으려 합니다. 말은 쉽게 잊히지만, 들어주는 마음은 오래 남습니다."

바티칸 바깥의 교황은 오히려 더 선명했다. 그가 누군지 몰라도, 그의 손을 잡은 이들은 말했다.

"그 사람은, 마음으로 들어주는 사람이었어요."

우리는 종종 리더를 무대 위에서 찾는다. 마이크를 쥐고, 군중을 이끄는 모습을 떠올린다. 하지만 프란치스코 교황은 그 무대 아래, 조용히 빈자리 옆에 앉아 있는 리더였다. 그가 세상을 바꾼 방식은 웅변이 아니라, 침묵 속에서 우는 자의 곁에 머무는 방식이었다.

그는 '리더란 빛나는 이력이 아니라, 얼마나 자주 낮아지고, 얼마나 자주 옆에 있어 주는 사람인가로 정의된다'는 것을 우리에게 보여주었다.

그리고 이 책의 독자인 '우리'에게도 묻는다.

"당신은 누구의 곁에 앉아 있습니까?"

광장 아래의 미용실, 이름 없는 이들을 위한 자리

2015년 2월 16일, 로마의 성베드로 광장.

찬란한 대리석 기둥 아래, 새로운 공간이 조용히 문을 열었다. 그곳은 노숙인을 위한 무료 이발소와 샤워 시설이었다. 이 프로젝트는 프란치스코 교황의 지시로 교황청 자선소장 콘라드 크라예프스키 대주교가 주도했다.

그 시작은 한 노숙인과의 대화에서 비롯되었다. 노숙인은 말했다.

"로마에서는 먹을 것은 구할 수 있지만, 씻을 곳은 없습니다."

이 말에 크라예프스키 대주교는 성베드로 광장에 샤워 시설과 이발소를 설치하기로 결심했다. 매주 월요일, 이탈리아의 전통적인 휴일을 활용하여 자원봉사 이발사들이 노숙인들에게 무료로 이발과 면도 서비스를 제공했다. 이 작은 공간은 단순한 위생 시설을 넘어 사람들의 자존감을 회복시키는 장소가 되었다.

한 노숙인은 말했다.

"이발을 하고, 면도를 하고, 샤워를 하니 다시 사람다운 느낌이 듭니다."

이러한 섬김은 프란치스코 교황의 리더십 철학을 그대로 반영한다.

그는 말한다.

"하느님과 이웃을 사랑하는 것은 추상적인 것이 아니라, 매우 구체적인 것입니다. 그것은 모든 사람 안에서 주님의 얼굴을 보고, 그분을 구체적으로 섬기는 것을 의미합니다."

이러한 실천은 교황청의 전통적인 이미지와는 다른,

가장 낮은 자리에서의 리더십을 보여준다.

그는 화려한 의전보다 노숙인과의 식사를 선택했고, 호화로운 궁전보다 소박한 게스트하우스를 거처로 삼았다. 이러한 행보는 많은 이들에게 깊은 감동을 주었고, 교회가 진정으로 섬김의 공동체임을 상기시켰다.

3부

*

**만남은 기적을
낳는다**

감옥의 죄수와
교황,
그리고 벽을 허문 시간

쇠창살 너머, 잊힌 시간이 흐른다. 감옥이란 이름은 죄를 가두지만, 그곳에 가려진 것은 오히려 사람의 존재였다. 누군가는 실수로, 누군가는 선택 없이, 누군가는 한 번의 분노로 이 벽 안에 갇혀 살아간다.

그러던 어느 날, 그 벽을 조용히 넘은 한 남자가 있었다. 하얀 옷을 입고, 한 손에 성경이 아닌 사랑을 들고 들어온 사람, 교황 프란치스코였다.

2015년, 주님 만찬 성목요일.

그는 이탈리아 로마 외곽의 레비비아 교도소를 찾았

다. 세계는 그가 성베드로 대성당에서 거행할 미사를 기대했지만, 그는 전혀 다른 길을 걸었다. 그는 열세 명의 죄수 앞에 무릎을 꿇었다. 무릎을 꿇은 사람은 교황이었고, 그 발을 내민 사람은 수감자였다.

그중에는 이슬람교도도 있었고, 여성도 있었고, 사회로부터 소외된 이들도 있었다. 교황은 말없이, 천천히, 부드럽게, 그리고 조심스럽게 그들의 발을 씻어주었다. 그 손길은 죄를 판단하지 않았고, 신분을 따지지 않았다. 그 순간, 하늘과 감옥 사이에 있던 모든 벽이 사라졌다.

그는 말했다.

"예수님께서도 제자들의 발을 씻어주셨습니다. 당신들도 이 땅 위의 존엄한 존재입니다. 사랑은 어떤 과거도 이겨낼 수 있습니다."

그날, 한 수감자는 흐느꼈다. 평생 들은 말 중 가장 따뜻한 말이었다고 했다.

"나 같은 사람에게 교황이 무릎을 꿇었다는 게 믿어지지 않는다."

그는 눈물로 자신의 발을 다시 닦으려 했지만, 교황은 조용히 그의 손을 덮었다.

"이건 사랑이니까, 되돌리지 마세요."

이날의 장면은 전 세계에 전해졌고, 수많은 사람들의 가슴을 흔들었다. 하지만 교황은 어떤 메시지도, 어떤 성명서도 남기지 않았다. 그는 그저 죄수들과 같은 눈높이에서 밥을 나누고, 이름을 부르고, 기도해 주었다.

그의 발걸음은 '우리는 당신을 기억합니다'라는 말 없는 선언이었고, 그의 무릎은 '당신은 아직 끝나지 않았습니다'라는 희망의 무게였다.

그는 강론을 통해 '신은 어머니가 자신의 아이를 잊는다 해도 나는 결코 너희를 잊지 않는다'고 할 정도로 신의 사랑에는 한계가 없다면서 "신은 이런 사랑을 우리에게 베푼다"고 말했다. ■출처: AP/로세르바토레 로마노=연합뉴스, 2014.5.4.3

난민 아이와 교황,
이름 없는 포옹

그 아이에겐 이름이 없었다. 서류엔 적혀 있었지만,
부르는 사람이 없었다. 엄마는 폭격 속에, 아빠는 파도
속에 사라졌고, 작은 가방 하나에 모든 삶을 담은 채 그
아이는 망명자의 텐트에 앉아 있었다.

2016년 4월, 프란치스코 교황은 그리스를 찾았다. 그
는 유럽의 국경 논쟁 속에서 이름도, 소속도 잃어버린
사람들을 찾아갔다. 그곳은 레스보스 섬. 수천 명의 난
민들이 배에서 내리고 다시 떠나야만 했던 섬. 그곳에서
한 아이가 그의 옷자락을 붙들었다. 아이의 손은 작았

고, 말은 없었다. 하지만 교황은 그 손을 잡고 몸을 숙였다. 아이의 이마에 입을 맞추며 말했다.

"당신은 하나님의 아들입니다."

그 장면은 전 세계 뉴스에 짧게 나갔지만, 그 순간의 울림은 아이의 삶 전체에 남았다. 그날 이후, 아이는 자주 그 장면을 그리곤 했다. 하얀 옷을 입은 노인과 자기 손을 꼭 잡아주던 순간을.

교황은 이후 세 가족의 손을 붙잡고, 비행기를 함께 타고 바티칸으로 돌아갔다. 그들은 난민이 아닌 손님으로 환영받았다. 바티칸은 그들을 위한 집과 교육, 삶을 마련했다. 사람들은 물었다.

"왜 그들을 데려갔습니까?"

그는 대답했다.

"아이들의 울음이 내 귀를 떠나지 않았습니다. 그 아이가 내 옷을 잡았을 때, 나는 하나님의 음성을 들었습니다."

그 아이는 이름 없는 존재에서 이름을 불러주는 품 안

으로 들어왔다. 세상이 정한 신분, 종교, 국적보다 먼저
와닿은 건 그 아이의 체온이었다. 교황의 포옹은 선언이
아니었다. 울타리 너머의 사랑. 조건 없는 환대. 존재 자
체를 받아들이는 무언의 수용이었다.

　그날, 레스보스의 땅에서 누군가의 존재가 구원받았
다. 말이 아닌 손으로, 법이 아닌 가슴으로, 그는 누군가
의 삶을 바꾸었다.

아기에게 건넨
입맞춤이
가져온 기적

　2015년 9월 26일, 필라델피아의 벤자민 프랭클린 파크웨이는 유난히 붉게 물든 석양 아래 수많은 신자로 가득했다. 희망을 품고 교황 프란치스코를 기다리는 사람들 사이에는 가슴 속 깊은 기도를 올리는 이들도 있었다. 이곳은 제8차 세계가정대회의 마지막 순간을 장식하는 자리였고, 사람들은 서로의 가족을 축복하며 사랑의 의미를 되새기고 있었다.

　그날, 군중 속에서 한 가족은 간절한 바람을 품고 교황을 기다렸다. 펜실베이니아주 워링턴에서 온 마시아

톤시오 가족이었다. 품 안의 작은 아이, 지안나(Gianna)를 조심스럽게 감싸안은 부모의 눈빛 속에는 깊은 슬픔과 간절한 희망이 뒤섞여 있었다. 생후 한 달 만에 희귀한 뇌종양과 혈액 질환인 전신성 유아성 황색육아종(Systemic Juvenile Xanthogranuloma, JXG) 진단을 받은 지안나는 하루하루가 기적과도 같은 삶을 살고 있었다. 의사들은 아이가 살아남을 가능성이 낮다고 했지만, 부모는 포기하지 않았다. 절망 속에서도 그들은 희망을 품었고, 교황의 축복 받기를 바랐다.

그 순간, 군중의 웅성거림 속에서 예상치 못한 일이 벌어졌다. 사람들의 환호 속에서 교황은 한 가족에게 시선이 쏠렸다. 교황은 차량을 멈추게 하더니, 따뜻한 눈빛으로 마시아톤시오 가족 품에 안긴 작은 아이를 바라보았다.

곧이어 경호원이 지안나를 조심스럽게 들어 올려 교황에게 건네자, 프란치스코 교황은 가만히 아기의 이마에 입을 맞추었다. 말없이 이루어진 짧은 순간, 세상은 멈춘 듯했다. 마치 키스의 신의 축복이라도 되는 듯, 보는 이들의 가슴에 뜨거운 감동이 퍼졌다. 교황의 입맞춤이 닿은 곳은 놀랍게도 지안나의 뇌종양이 위치한 곳에서 불과 몇 센티미터 떨어진 곳이었다.

시간이 흐르며, 지안나는 의학적 치료와 가족의 사랑 속에서 놀랍게도 건강을 회복하기 시작했다. 지안나는 더 이상 생명이 위태로운 아이가 아니었다. 밝은 미소를 지으며 살아가는 건강한 어린이가 되었다. 마시아톤시오 가족은 자신들에게 찾아온 기적을 세상과 나누기로 했다. 그들은 'For the Love of Grace Foundation'을 설립해 같은 어려움을 겪는 가족들에게 희망과 도움을 전했다.

이 이야기는 단순한 기적이 아니다. 사랑과 희망이 얼마나 큰 힘을 가질 수 있는지를 증명하는, 우리의 삶을 더 아름답게 만드는 증거다.

프란치스코 교황의 따뜻한 행동은 한 가족의 삶을 바꾸었고, 사랑은 기적을 만들어낼 수 있다는 믿음을 더 많은 사람들에게 전해주었다. 어쩌면 기적이란 특별한 순간에만 존재하는 것이 아닐지도 모른다. 사랑하고, 믿고, 서로를 위해 기도하는 순간, 우리는 이미 작은 기적을 만들어가고 있는 것이다.

신념이 다른
이들과의 포옹

포옹은 말보다 빠르다.

그 안에는 '당신이 나와 다르더라도, 나는 당신을 환영합니다'라는 메시지가 담겨 있다.

그리고 그 말을 믿게 만드는 사람이 있다. 프란치스코 교황이었다. 그는 종교의 벽을 넘어 타인을 향한 무조건적 수용을 실천한 인물이었다. 교황의 수많은 만남 가운데에는 세상에 가장 깊은 울림을 준 장면이 있었다.

2019년 2월 4일,

프란치스코 교황은 세계 이슬람권의 중심, 아랍에미

리트(UAE) 아부다비를 방문하여 역사상 최초로 아라비아반도를 방문한 가톨릭 교황이 되었다. 그는 그곳에서 수니파 이슬람 최고 권위자인 알아즈하르의 대이맘 아흐메드 알타예브와 나란히 서서 '인간 형제애에 관한 공동 선언문'에 서명했다.

이 선언은 가톨릭과 이슬람이라는 수세기 동안 갈등과 오해를 반복해 온 두 세계 종교 지도자가 서로를 인정하고, 평화를 위해 함께 걷기로 한 전례 없는 합의였다. 공동 연단에서 두 지도자는 말보다 긴 포옹으로 인사를 대신했다. 그 침묵 속에서 수많은 전쟁과 편견, 혐오와 배제의 역사가 잠시 멈춘 듯했다.

이날 서명한 '인간 형제애에 관한 문서'에서는 "종교가 증오, 폭력, 극단주의, 맹신, 전쟁을 정당화하는 데 사용되는 것은 신의 뜻이 아니다"라고 명시하며, 종교가 평화와 형제애의 기반이 되어야 함을 강조했다.

그는 신념의 차이를 설명하거나, 복음을 설득하려 하지 않았다. 그는 단지 함께 웃었고, 함께 앉았고, 함께 걸었다. 그의 모습은 '다름을 없애는 것'이 아니라, '다름을 안고 함께 살아가는 것'의 가능성을 보여주었다. 그 포옹은 메시지가 되었다.

'우리는 같은 신을 믿지 않을 수 있지만, 같은 평화를 꿈꿀 수 있다.'

그날 이후, 많은 나라에서 기독교와 이슬람 공동체가 서로 인사를 건넸고, 서로의 예배 장소를 방문하고, 타 종교인을 위한 기도문이 만들어졌다.

그리고 수년 후,

바티칸에서는 이슬람, 유대교, 불교, 힌두교 지도자들이 함께 모여 '기후 위기와 생명 공동선'을 논의하는 원탁회의가 열렸다. 그 자리의 중심에는 늘 프란치스코 교황이 있었다. 그는 종교를 '경쟁'이 아닌, 함께 이 세상을 더 나은 곳으로 만드는 '동행'이라 믿었다.

그의 포옹은 화해의 언어였고, 그의 침묵은 이해의 문이었다.

그날 아부다비의 햇살 아래, 서로 다른 옷을 입고, 다

른 신을 믿는 두 사람이 진심으로 포옹하는 모습은 종
교를 넘어, 인간이 인간을 껴안는 방법을 알려준 순간
이었다.

누군가를 이해한다는 건,
그들의 눈으로
세상을 보는 것

사람들은 자주 말한다.

"나는 당신을 이해해."

그러나 진짜 이해란, 말이 아니라 시선에서 시작된다. 상대의 눈으로 세상을 바라보는 것, 그것이 진정한 공감이다.

프란치스코 교황은 그 눈으로 보는 법을 아는 리더였다. 그는 사람들을 자신의 기준으로 판단하지 않았다. 오히려 그들의 상처, 그들의 아픔, 그들의 시선 속에 스스로를 놓으려 했다.

2013년, 교황은 로마 외곽의 한 시각장애인 보호시설을 방문했다. 그곳에서 그는 중증 장애를 가진 한 청년의 눈을 오랫동안 바라보았다. 청년은 말을 하지 못했고, 몸도 거의 움직일 수 없었다. 그러나 그 청년은 교황의 손을 느꼈고, 교황은 청년의 눈동자 속에서 무언가를 읽었다.

교황은 청년의 이마에 입을 맞추고 나서 말했다.

"당신의 눈 속에는 하느님이 계십니다."

그날, 교황은 그 청년의 시선으로 세상을 보았다. 세상이 얼마나 높은 문턱을 만들고 있는지, 얼마나 많은 침묵이 외면되고 있는지를 조용히 받아들였다.

또 한 번은, 교황이 트랜스젠더 신자를 조용히 면담했다는 사실이 알려졌다. 가톨릭 교리상 여전히 논란이 될 수 있는 민감한 주제였지만, 그는 조용히 그 신자를 바티칸으로 초대했다.

그는 이렇게 말했다.

"당신은 누구입니까?"

신자가 대답했다.

"저는 버림받은 사람입니다."

그러자 교황은 말했다.

"당신은 하느님이 사랑하시는 자녀입니다."

그는 성경 구절을 들이대지 않았고, 죄에 대한 언급도 하지 않았다. 그저 그의 눈으로, 그의 외로움으로, 그의 고통으로 세상을 바라보았다. 그리고 말했다.

"우리는 판단하기 전에, 그의 눈으로 세상을 봐야 합니다. 그 눈 속에 사랑이 있고, 이해가 있고, 하느님의 숨결이 있습니다."

이것이 프란치스코 교황이 말하는 이해였다. 규범에 맞추는 것이 아니라, 그 사람의 눈으로 세상을 다시 바라보는 것.

그는 자주 말했다.

"사랑은 설득이 아닙니다. 사랑은 먼저 들어가는 것입니다. 그 사람의 세계 안으로, 그 눈 안으로."

그의 리더십은 많은 이들에게 도전이었다. 세상을 바

꾸기 위해 외치는 지도자가 아니라, 세상의 고통을 먼저
바라보고, 먼저 느끼는 지도자, 그리고 그가 바라본 수많
은 사람들의 눈 속에서, 교황은 하느님의 얼굴을 보았다.

  가난한 자, 병든 자, 잊힌 자, 거절당한 자….

  그들의 눈동자에 스민 삶의 이야기들이 그를 교황이
아닌, 형제로 만들었다.

무릎을 꿇은 교황,
다시 일어선 청년

그날, 하늘도 무거운 마음을 안고 내려앉은 듯했다.

2014년 8월 15일, 프란치스코 교황은 제6차 아시아 청년대회에 참석하여 한국 대전월드컵경기장에서 미사를 집전하고, 충남 당진의 솔뫼성지에서 아시아 각국의 청년들과 만남을 가졌다.

수많은 청년들이 저마다 보이지 않는 짐 하나씩을 가슴에 품고 프란치스코 교황을 기다리고 있었다. 누구는 가족의 상처를, 누구는 꿈을 포기한 절망을, 누구는 끝없는 취업과 실패 속에서 믿음마저 무너져버린 채 그 자리에 있었다.

프란치스코 교황이 등장했을 때, 그는 특별한 연설문을 꺼내 들지 않았다. 대신 그는 청년들의 질문을 받았다. 대본 없는 시간, 감춰졌던 마음들이 드러나는 시간. 한 청년이 떨리는 목소리로 물었다.

프란치스코 교황은 청년들의 질문에 답하기 위해 오래 머물겠다고 했다. 그러면서 그리스도의 희망을 절실히 필요로 하는 세상에 전하기 위해 하느님의 부르심에 기쁘게 응답해야 한다고 강조했다.

"사랑하는 청년 여러분, 이 세대에 주님께서 여러분을 의지하고 계십니다."

교황은 청년들에게 말했다.

"여러분은 그분께 '예'라고 말할 준비가 되셨나요? 준비되셨습니까?"

청년들은 "네"라고 외쳤다.

어떤 청년 신부는 "교황님께서 정말 제 하루를, 제 삶을 만들어주셨어요"라고, 또 베트남에 온 청년 신부는 가톨릭 뉴스 서비스(Catholic News Service)와의 인터뷰에서 공부하러 한국에 온 후, 삶이 얼마나 편리한지 새삼 깨달았다고 말하면서 "하느님을 잊게 됐어요. 하느님이 그리웠죠. 하지만 이번 행사를 통해 제 신앙이 더욱 강해질 거예요"라고 말했다.

이어서 교황은 참석한 한 젊은 여성의 질문을 받았다.

"저는 한국에서 학업의 길을 계속 걸어야 할지, 아니면 가족에게 돌아가야 할지 잘 모르겠습니다."

이에 대해 교황은 이렇게 말했다.

"어떤 길을 가야할 지는 당신이 결정하는 것이 아니라, 하느님께서 당신을 위해 선택하십니다."

그러면서 하느님께서 우리를 어떤 길로 부르시는지 듣는 것이 우리의 역할이라고 설명했습니다.

교황은 세상의 상황이 절망적으로 보일지라도, 우리는 그리스도께서 죽음을 이기셨고 "그분의 말씀은 모든 사람의 마음을 어루만지고, 선으로 악을 이기고, 세상을 변화시키고 구원할 힘이 있습니다"라고 말씀하셨고,

"오직 그리스도의 사랑만이 모든 사람의 마음에 새 생명을 불어넣고, 가장 절망적으로 보이는 상황조차도 변화시킬 수 있습니다"라고 덧붙였다. 이것이 젊은이들이 학교, 직장, 가정, 지역 사회에서 주변 사람들과 나누어야 할 메시지라고 설명했다.

그는 설교자가 아니었다. 그는 스승이 아니었다. 그는 그저, 공감하고 함께 아파할 줄 아는 한 명의 '믿을 수 있는 어른'이었다.

그날, 누군가는 믿음을 회복했고, 누군가는 삶을 포기하지 않았고, 누군가는 다시 기도하기 시작했다.

그 만남은 세상을 바꾸진 않았지만, 한 사람 한 사람의 마음에 하느님이 조용히 다시 들어오게 했다. 그건 기적이었다.

소리를 내지 않았던 기적. 그러나 너무나 분명하게, 사람을 살게 만든 기적.

한국의 눈물 앞에서
노란 리본을 품은 교황

2014년 8월 16일, 서울 광화문 광장.

장대비가 쏟아졌지만, 수십만 명이 가슴에 노란 리본 하나씩을 달고 한 사람을 기다리고 있었다. 그는 교황이었다.

그러나 그날, 그는 위로자가 아닌 형제처럼, 어깨에 묵직한 고통 하나를 안고 광장에 섰다. 그가 한국을 방문한 목적은 청년들과의 만남, 순교자들의 영광을 기념하는 일이었지만, 그가 가장 먼저 마음에 품은 건 진실을 잃어버린 한 나라의 눈물이었다. 세월호. 304명의 생명이 바다에 묻힌 그날 이후, 세상은 멈췄고, 유가족들의 시간도 함께 멈춰 있었다.

그날 미사가 시작되기 전, 한 남자가 교황을 향해 조심스레 다가왔다. 옅은 수척한 얼굴, 손에 들려 있는 노란 봉투, 그리고 옷깃에는 단정하게 달린 작은 노란 리본 하나. 그는 단원고 희생자 유민 아버지, 김영오 씨였다.

그는 며칠째 광장에서 단식을 이어가던 중이었고, 그의 얼굴에는 외침 대신 말하지 않아도 들리는 슬픔이 고여 있었다.

교황은 그를 바라보다 한 걸음 앞으로 다가가 말없이, 아주 조용히 안아주었다. 그리고 그 노란 리본을 자신의 가슴에 직접 달았다. 그 장면은 말보다 무거웠고, 눈물보다 따뜻했다. 그는 아무 말도 하지 않았다. 그 침묵은 어떤 위로보다 깊었다. 그가 안아준 건 유민 아버지 한 사람이 아니라, 온 국민의 가슴속에 맺혀 있던 질문이었다.

"왜 아무도 우리의 울음을 듣지 않습니까?"

"왜 이 죽음을 기억해 주는 사람이 없습니까?"

그날, 광장은 조용히 울었다. 빗물인지 눈물인지 모를 물결 속에서 사람들은 처음으로 누군가가 우리의 슬픔을 진심으로 끌어안고 있다는 감각을 느꼈다.

교황은 그날 미사에서 말하지 않았다. 말보다, 그가 품은 리본 하나로 온 국민의 마음에 위로를 새겼다. 그 이후, 유가족들이 이렇게 회고했다.

'그날, 아무 말도 없었지만 우리를 잊지 않는 존재가 있다는 사실이 다시 숨 쉴 수 있게 해주었습니다.'

그 만남은 정치를 바꾸지는 못했고, 진실을 드러내지도 못했다.

그러나 그날, 한 사람의 품 안에서 수많은 멈춰 있던 마음이 다시 살아났다. 프란치스코 교황은 떠난 뒤에도 그 노란 리본을 간직했다. 기억은 사라지지 않았고, 그의 가슴에 달린 그 조용한 리본 하나는 한국의 슬픔을 함께 걸어간 자의 증표가 되었다.

피 위에 선 기도,
　　광화문에서 울린
천천한 승리

2014년 8월 16일. 서울 광화문 광장.

이른 아침부터 수백만 명의 발걸음이 역사의 중심으로 향했다. 비가 내렸고, 바람은 거칠었다.

하지만 누구도 그 자리를 떠나지 않았다. 그곳은 단순한 미사의 장소가 아니었다. 그곳은 피 흘리며 믿음을 지켰던 이들의 숨결이 살아 있는 땅이었다.

124명의 이름 없는 순교자들, 칼 앞에서 무릎 꿇지 않았던 평범한 백성들, 하느님을 향한 믿음 하나로 생명을 내놓았던 사람들의 자리.

프란치스코 교황이 미사 강단에 오를 때, 그는 군중을 먼저 바라보지 않았다. 먼저 고개를 숙여 땅을 바라보았다. 그 땅은 200년 전 천주교 박해의 피가 스며 있던 땅이었다.

그는 말했다.

"이 땅은 고통의 기억으로 젖어 있습니다. 그러나 이 피는 저주가 아니라 사랑의 증언입니다."

그 말에 광장은 조용해졌다. 그는 목소리를 높이지 않았고, 눈빛은 더욱 낮아졌다.

그리고 강론 중간, 미사 독서대를 내려와 순교자들의 유해가 안치된 제단 앞으로 걸어갔다. 그러고 나서 아무 말 없이, 무릎을 꿇었다. 세상의 가장 높은 자리에 있는 사람이 그 땅에 무릎을 꿇었다.

프란치스코 교황은 그 피를 기억하며, 그 믿음을 잊지 않겠다는 몸짓 하나로 기도했다.

그 순간, 바람이 멎은 듯, 비가 멈춘 듯, 수많은 이들의 가슴이 뜨겁게 흔들렸다. 그의 입에서는 한 마디 기도 소리도 나오지 않았지만, 사람들은 알았다. 그가 드린 것은 말이 아닌, 존경이었다. 그 피에 대한 감사였다. 그리고 그 피 위에 다시 피우는 희망이었다.

한 신자는 훗날 말했다.

"그날 나는 천국이 땅에 내려온 것 같았습니다. 우리가 잊고 있던 역사를 교황이 껴안아주었기 때문입니다."

그리고 또 다른 이는 말했다.

"그날 이후, 저는 조용히 제 신앙을 다시 시작했습니다. 왜냐하면… 우리 믿음의 뿌리가 그렇게 깊고 아름다운 것이라는 걸 처음으로 느꼈기 때문입니다."

프란치스코 교황은 떠나는 마지막 날, 기자들이 물었다.

"한국에서 가장 깊이 남은 장면은 무엇입니까?"

그는 대답했다.

"순교자의 피 위에 무릎을 꿇던 그 순간. 나는 그 어느 때보다 하느님을 가까이 느꼈습니다."

그 만남은 순교자들과의 만남이었고, 역사와 현재가

맞닿는 순간이었다. 그것은 기념식이 아니었고, 국가적 행사가 아니었다. 그건, 복음의 깊이를 다시 되새긴 하나의 성사였다.

그 만남은
        삶을 다시
시작하게 했다.

아이의 눈물은 세상의 침묵을 깨뜨리는 가장 단순하고 도 강한 언어다. 그 어떤 철학도, 신학도, 열네 살 소녀의 울음 앞에서는 입을 다물 수밖에 없다.

2015년 1월 15일.

프란치스코 교황이 필리핀을 방문하던 날, 비가 내리던 마닐라의 하늘 아래 수천 명의 아이들이 그의 눈길 한 번을 기다리고 있었다. 그리고 그 가운데 글리젤레 팔로마(Glyzelle Palomar)라는 한 아이가 무대 위에 올랐다.

아이는 거리에서 버려졌고, 세상의 가장 낮은 곳에서 상처투성이로 살아온 소녀였다. 준비된 원고는 소녀의 손에 있었지만, 그 종이를 쥔 손이 먼저 떨리기 시작했고 입술이 말을 잃었다.

결국 눈물이 먼저 흘러내렸다. 소녀는 울먹이며 "많은 아이들이 부모의 버림 속에 고통받고 있으며, 많은 고아들이 범죄의 희생자가 되고 마약 중독과 성매매 같은 나쁜 일에 빠져 있다"라고 말하면서 이같이 외쳤다.

"왜 하느님은 아무 잘못이 없는 아이들에게 나쁜 일이 일어나도록 가만히 두시나요?"

그 말은 질문이 아니었다. 그것은 비명이었고, 기도였고, 한 생명이 온몸으로 던진 절규였다. 광장은 정적에 휩싸였고, 수많은 카메라가 멈췄으며, 프란치스코 교황은 그 어떤 말도 하지 않은 채 그 아이에게로 걸어갔다. 그리고 소녀를 안았다. 모든 신학을 내려놓고, 모든 체면과 형식을 내려놓고, 한 인간으로서, 그 아이의 고통 앞에 무릎을 꿇듯이 안았다.

그 포옹은 설교보다 깊었고, 그 침묵은 말보다 더 큰 사랑이었다. 아이의 울음이 프란치스코 교황의 가슴을 적셨다. 그리고 잠시 후, 교황은 소녀의 질문에 답은 없다면서 "우리가 울어줄 수 있을 때, 소녀의 질문에 대한 답에 가까워질 수 있을 것이다"라고 말했다. 이어 교황은 군중을 행해 "굶주리는 아이, 길거리에서 마약을 하는 아이, 집 잃은 아이, 버려진 아이, 학대받는 아이를 봤을 때 어떻게 울어야 할지를 알고 있는가"를 스스로에게 물어보라고 말했다. ■출처: 연합뉴스, 2015년 1월 18일

이 질문을 잊지 마십시오.

그날, 그 질문은 하늘에 닿았고, 많은 이들의 가슴에 박혔다. 그날 이후, 글리젤레는 다시 누군가를 향해 마음을 열었고, 무너졌던 삶이 다시 살아갈 이유를 찾기 시작했다. 그는 훗날 이렇게 말했다.

"그분이 나를 안아주신 순간, 나는 처음으로 내 삶이 아무 의미 없는 게 아니라고 느꼈어요. 나는… 살기로 결심했어요. 다시, 살아도 괜찮겠다고."

그 포옹 하나가 한 생명을 되살렸다. 그날은 병이 나은 날도, 무언가가 바뀐 날도 아니었다. 그러나 그날, 사랑이 한 사람 안에 다시 숨 쉬기 시작한 날이었다. 프란치스코 교황은 말로 복음을 전하지 않았다. 그는 손끝으로, 눈빛으로, 한 아이를 안아주는 움직임으로 복음을 살아냈다.

그 만남은 세상을 바꾸지는 못했지만, 한 생명의 궤도를 바꿨다. 그리고 그것이면 충분했다.

4부

*

고요한 믿음의 외침

성경은 책이지만,
복음은 삶이다

복음이 단지 종이 위에 머무를 때, 그것은 교리가 되고 율법이 된다. 하지만 누군가 그것을 삶으로 옮기기 시작할 때, 복음은 다시 '기쁜 소식'이 된다. 프란치스코 교황은 그런 사람이다. 말씀이 머무는 곳이 아니라, 말씀이 움직이도록 하는 사람이다.

2013년, 그는 교황으로 선출된 직후 '가난한 이들을 위한 가난한 교회'를 선언했다. 그리고 그 말은 공허한 이상이 아닌, 실제의 선택과 실천으로 이어졌다. 교황청 안에 전용 숙소의 화려함을 뒤로 하고 게스트하우스에서 직원들과 함께 생활했고, 전용 식당이 아닌 공동 식당에서 식사했으며, 경호원들이 깔아둔 붉은 융단을 걷어내고 직접 발을 디딘 바닥 위에서 미사를 드렸다.

그는 말했다.

"복음은 책에서 멈추지 않습니다. 복음은 우리가 어떻게 웃고, 어떻게 손을 내밀며, 어떻게 용서하는가에서 완성됩니다."

실제로 그는 교황청 인근에 노숙인을 위한 샤워 시설과 숙소를 마련했다. 노숙인을 바티칸 옥상에 초대해 함께 식사하고, 머리카락을 잘라주고, 신발을 챙겨주었다. 어느 날, 노숙자 한 명이 말했다.

"교황님은 우리에게 복음을 읽어주지 않았지만, 복음처럼 우리를 안아주었습니다."

그는 기도보다 먼저 행동했고, 가르침보다 먼저 들어주었고, 구절보다 먼저 동행했다. 성경이 말하는 '선한 사마리아인'의 이야기를 오늘날 선한 교황의 이야기로 바꾸었다. 넘어진 자를 일으키는 일이 예배보다 먼저라는 사실을 잊지 않았기 때문이다. 그는 자주 말했다.

"하느님의 말씀은 살아있는 말씀입니다. 그리고 살아있다는 것은, 누군가를 살려내는 일입니다."

가난한 이의 옆에 앉아 그들의 손을 잡고, 절망한 이의 눈을 들여다보며 "하느님은 당신을 잊지 않으셨습니다"라고 말하던 그 순간, 그의 삶은 성경의 연장이 되었고, 그의 손은 복음의 새로운 페이지가 되었다.

복음은 성경 속에서 시작되지만, 진짜 복음은 우리 곁에서 살아있는 사람 안에서 완성된다. 그리고 오늘날, 프란치스코 교황의 모습은 그 사실을 조용히 증명하는 걷는 복음(Walking Gospel)이었다.

젊은이들에게
건넨
희망과 용기

젊음은 가능성과 희망으로 가득 차 있지만, 때로는 깊은 불안과 좌절 속에서 길을 잃기도 한다. 세상이 요구하는 기준에 맞추려 애쓰다 보면 자신이 정말 원하는 것이 무엇인지 혼란스러워지기도 하고, 꿈을 향해 나아가고 싶지만 현실의 벽 앞에서 멈춰 서게 되는 순간도 찾아온다. 프란치스코 교황은 이러한 젊은이들에게 희망과 용기를 불어넣으며, 그들이 스스로의 삶을 가치 있게 바라볼 수 있도록 도왔다.

2023년 포르투갈 리스본에서 열린 세계청년대회에서

한 젊은이가 교황을 찾아왔다. 그의 눈에는 절망이 가득했다. 그는 조심스럽게 교황에게 고백했다.

"저는 실패한 사람입니다. 무엇을 해도 잘되지 않고, 제 미래는 암울하기만 합니다."

교황은 조용히 그의 손을 잡고 따뜻한 미소를 지으며 말했다.

"당신은 실패한 사람이 아닙니다. 하느님은 당신을 사랑하시고, 세상은 당신을 필요로 합니다."

교황의 짧은 이 한 마디는 청년의 무너진 내면을 다시 일으켰다.

교황의 이러한 말은 단순한 조언이 아니라, 그의 삶에서 우러나온 깊은 깨달음이었다. 그는 반복해서 젊은이들에게 꿈을 포기하지 말라고 이야기한다. 그는 세계 곳곳에서 희망을 잃은 젊은이들을 만날 때마다 이렇게 말했다.

"꿈꾸는 걸 두려워하지 마십시오. 여러분은 이 세상을 바꿀 사람들입니다."

그리고 그는 이를 행동으로 보여주었다. 그는 젊은이들에게 단순한 희망의 메시지를 주는 것이 아니라, 실질적인 변화를 위한 행동을 촉구했다. 교황은 젊은이들이 현실의 어려움 속에서도 희망을 잃지 않고, 적극적으로 자신의 삶을 개척해야 한다고 강조했다. 그는 젊은이들이 세상의 문제를 외면하는 것이 아니라, 오히려 세상을 바꾸는 주체가 되어야 한다고 믿었다.

■ 출처: 2023년 세계청년대회 연설(리스본).

2019년, 교황은 경제적 어려움을 겪고 있는 남미의 젊은이들을 찾아갔다. 많은 청년이 일자리를 찾지 못해 좌절하고 있었고, 일부는 생계를 유지하기 위해 위험한 일에 뛰어들기도 했다. 그들과 대화하는 자리에서 교황은 말했다.

"당신들은 단순한 숫자가 아닙니다. 당신들은 세상을 변화시킬 사람들입니다."

그의 말에 청년들은 놀랐고, 한 청년은 "우리 같은 사람도 세상을 바꿀 수 있을까요?"라고 물었다. 교황은 미소를 지으며 대답했다.

"물론입니다. 변화는 작은 행동에서 시작됩니다. 희망을 포기하지 마세요."

그 만남 이후, 지역 사회의 많은 젊은이들이 변화를 위해 작은 실천을 시작했다. 서로를 돕고, 교육을 받으며, 자신의 미래를 다시 꿈꾸기 시작한 것이다.

교황은 젊은이들에게 단순한 위로가 아니라, 행동할 수 있는 힘을 주는 사람이다. 그는 꿈을 잃고 방황하는 이들에게 새로운 시각을 열어주고, 그들이 자신의 삶을 주체적으로 살아갈 수 있도록 돕는다.

■출처: 2019년 남미 청년들과의 만남.

2024년, 교황은 또다시 젊은이들에게 희망을 전했다. "많은 젊은이들이 꿈을 접었습니다. 그들에게 희망을 선사합시다"라고 말하며, 그들이 삶의 의미를 찾고, 자신을 가치 있는 존재로 바라보도록 격려했다.

그는 우리에게 질문을 던진다. 우리는 젊은이들에게 어떤 메시지를 주고 있는가? 우리는 그들에게 두려움과 좌절을 심어주는가, 아니면 희망과 용기를 건네는가?

"희망은 단순한 낙관이 아닙니다. 그것은 우리가 살아
갈 이유이며, 절망 속에서도 빛이 되는 것입니다."

그의 말처럼 희망은 단순한 감정이 아니라, 삶을 변화
시키는 힘이다. 젊은이들에게 건넨 그의 메시지는 단순
한 조언이 아니라, 세상을 바꾸는 원동력이다. 그리고
그의 삶을 통해 우리는 그 메시지가 진정한 의미를 갖는
다는 것을 깨닫게 된다. ■출처: 2024년 젊은이 사목자 회의 발언

세속과 영혼 사이에서
균형을 잡는 법

세상의 한복판에 서 있으면서도 자신의 중심을 지키는 일은 거대한 회오리 속에서 촛불을 꺼뜨리지 않는 일과 같다. 프란치스코 교황은 바로 그 자리에서 살아가는 사람이다.

세속의 가장 높은 자리, 전 세계 13억 가톨릭 신자의 정신적 지도자이자, 바티칸이라는 세계에서 가장 오래된 권력 중 하나의 수장. 하지만 그는 영혼의 무게를 잊지 않았다. 그는 교황직에 오른 날부터 권위가 아닌 중심을 택했다. 전통적으로 교황은 교황청 내의 전용 숙소에 머물지만, 그는 곧바로 바티칸 게스트하우스 산타 마르타를 선택했다.

"고독한 궁전보다는, 함께 숨 쉬는 공간이 낫습니다."

그는 그렇게 말했다.

세속의 상징이었던 교황 전용 리무진 대신 소형차를 타고 다녔으며, 고급 제의 대신 단순한 백색 수단과 철제 십자가를 걸었다. 그 상징들은 하나같이 '나는 다르지 않다'는 선언이었다. 하지만 그는 세속을 부정하지 않았다. 오히려 세속을 이해하려 했고, 그 안에서 영혼의 자리를 찾으려 애썼다.

2015년 미국 의회 연설, 그는 종교 지도자이기 전에 한 명의 인간으로서, 정치와 경제, 생명과 정의의 가치를 조화롭게 아우르며 양극화된 이념의 다리를 놓으려 했다. 그는 그 연설에서 말했다.

"정치는 고결한 소명입니다. 국민을 위해 봉사하는 정치가 될 때, 그것은 사랑의 한 형태가 됩니다."

그는 세속적 역할을 수행하되, 영적인 언어로 이야

기하는 법을 알고 있었다. 또한, 그는 경제 문제에서도 "가난한 이의 눈으로 시장을 바라보라"고 강조했다. 자본주의를 비난하지 않으면서도, 영혼이 없는 자본은 인간을 죽일 수 있다는 경고를 놓치지 않았다. 이러한 그의 균형은 신앙과 현실의 경계에 선 수많은 이들에게 희망이 되었다.

그는 말했다.

"하느님은 성당에만 계시지 않습니다. 하느님은 거리에도, 공장에도, 시장에도 계십니다. 그곳에서도 사랑하고, 일하며, 기도할 수 있습니다."

그는 영혼을 말할 때, 현실을 떠나지 않았고 세속을 다룰 때도, 하늘을 잊지 않았다. 그에게 '균형'이란 성경과 신문을 함께 읽는 일, 기도와 대화를 함께 나누는 일, 성찬례와 점심식사를 같은 의미로 받아들이는 일이었다.

하늘을 잊지 않은 땅 위의 지도자, 그는 세속과 영혼 사이에서 매일 흔들리며, 그러나 결코 쓰러지지 않는 중심이었다.

교황이 우리에게 부탁한 기도

"여러분이 먼저 저를 위해 기도해 주십시오."

그가 교황으로 선출된 첫날, 성베드로 광장에 모인 수많은 이들을 향해 건넨 첫 부탁이었다. 세상의 가장 높은 자리, 수십억 명의 영적 지도자가 된 순간, 프란치스코 교황은 축복을 주기 전에 먼저 기도를 청했다.

그는 고개를 숙였고, 광장은 고요해졌으며, 모든 이는 예상치 못한 감정에 목이 메었다. '축복을 주는 자리'가 아니라, '기도를 부탁하는 자리'에 선 교황. 그날 이후 그는 거의 모든 공식 석상, 인터뷰, 알현, 대화에서 항상 마지막 말을 이렇게 끝맺었다.

"저를 위해 기도해 주십시오."

사람들은 물었다.

"왜 교황이 우리에게 기도를 부탁하나요?"

그는 대답했다.

"저도 연약한 사람입니다. 저는 매일 부족함을 느낍니
다. 여러분의 기도가 저를 살립니다."

그의 이 요청은 단지 예의나 겸손의 표현이 아니었다.
그것은 영혼의 고백이었다. 완전하지 않은 지도자, 성
자보다는 같이 흔들리는 순례자로서의 정직한 고백이
었다.

교황은 이 표현을 통해 자신이 교회의 수장이기 이전
에 하느님의 자비를 필요로 하는 한 사람의 신자임을
강조했다. 이러한 요청은 그가 겸손과 연대를 중시하는
리더십을 실천하고자 했음을 보여준다.

2013년, 한 아르헨티나 기자가 교황에게 인터뷰를 요
청하며 물었다.

"교황 성하, 당신을 한 문장으로 정의한다면?"

그는 웃으며 이렇게 말했다.

"나는 죄인이며, 하느님의 자비를 입은 사람입니다."

교황의 신앙과 사목적 태도의 핵심을 드러내는 이 말은, 자신을 하느님의 자비로 구원받은 죄인으로 인식하며, 이를 통해 다른 이들에게도 자비와 사랑을 전하고자 하는 그의 의지를 나타내고 있다.

그리고 덧붙였다.

"그래서 더욱 기도가 필요합니다. 저는 결코 혼자 설 수 없습니다."

그는 말로만 기도를 청하지 않았다. 직접 신자들의 손을 잡고 "당신이 진심으로 나를 위해 기도해줄 수 있나요?"라고 묻기도 했다.

아이에게, 노인에게, 병든 이에게, 그는 오히려 기도받는 존재가 되기를 원했다. 그 모습은 기존의 교황상이 아니었다. 그러나 사람들은 그 안에서 가장 인간적인 리더, 가장 겸손한 신앙인의 모습을 보았다.

교황은 강한 지도자가 되기보다, 기도받는 사람이 되기를 선택했다. 그가 우리에게 요청한 기도는 자신만을 위한 것이 아니었다. 그것은 결국, '당신도 기도할 수 있는 사람입니다'라는 존엄의 선포이기도 했다.

교황이 떠난 지금도, 많은 이들이 이 문장을 기억할 것이다.

"교황님, 저도 매일 당신을 위해 기도합니다. 당신이 기도 부탁을 잊지 않은 것처럼, 저도 당신의 진심을 잊지 않겠습니다."

그가 울 때,
　　　　우리는
무엇을 보았는가?

지도자는 흔들리지 않아야 한다고 배웠다. 눈물은 약함의 증거라 여겨졌고, 침묵보다는 확신이, 감정보다 명령이 요구되었다.

그러나 그날, 세상의 가장 높은 자리에서 한 사람이 조용히 울었다. 그는 교황이었다. 프란치스코라는 이름을 지닌 사람. 신자들의 고통을 대신 짊어지는 자이자, 하느님의 자비를 전하는 대리인이었다.

하지만 그날, 그는 말하지 못했다. 입을 열려다 눈을 감았고, 이내 눈물 한 줄기가 그의 뺨을 타고 흘렀다. 그 순간, 전 세계는 멈췄다. 사람들은 화면 너머에서 숨을 삼켰고, 성베드로 대성당은 침묵의 성소가 되었다.

2022년 12월 8일, 무염시태 대축일에 교황은 로마 스페인 계단 성모 마리아 상 앞에서 기도하던 중, "오늘 저는 오랫동안 주님께 간청해 온 평화에 대해 우크라이나 국민의 감사를 당신께 전하고 싶었습니다"라고 말하며 눈물을 흘렸다. 그는 감정을 추스르기 위해 잠시 멈췄고, 이후 "대신 저는 다시 그 순교의 땅의 아이들, 노인들, 부모들, 젊은이들의 간청을 당신께 드려야 합니다"라고 이어갔다.

그는 기억했다. 그리고 울었다. 그가 울 때, 우리는 고통에 무감각해진 우리 자신을 보았다. 그의 눈물은 희생자들을 위한 것이기도 했지만, 세상의 무관심과 피로, '그런 일이 또 일어났구나.' 하고 넘겨버리는 익숙한 냉담에 대한 항의이기도 했다.

그날, 우리는 보았다. 울 수 있는 리더의 용기. 함께 무너질 줄 아는 믿음의 사람. 강인함을 포기할 수 있을 만큼 깊은 사랑.

눈물은 약함이 아니었다. 그것은 진짜 리더가 되는 순간이었다. 스스로 가장 낮아졌을 때, 비로소 그는 세상을 가장 높이 들어올릴 수 있었다.

그가 울었을 때, 우리는 배웠다.

세상에서 가장 강한 사람은 모든 것을 이겨낸 자가 아니라, 모든 것을 함께 아파할 줄 아는 자라는 것을. 그의 눈물은 한순간의 감정이 아니었다. 그것은 세상을 품는 방식, 그리고 복음을 살아내는 침묵의 설교였다.

5부

*

프란치스코,
그 이름의 의미

교황의 이름,
가난과 평화를
선택하다

2013년 3월 13일.

하얀 연기가 바티칸 시스티나 성당 굴뚝 위로 피어오르자 전 세계의 눈과 귀는 하나의 질문에 쏠렸다.

"새 교황은 누구인가?"

하지만 또 하나, 더 깊은 질문이 있었다.

"그는 어떤 이름을 택할 것인가?"

카메라가 성베드로 광장의 군중을 비추던 그 순간, 정적을 깨고 울려 퍼진 목소리가 전했다.

"프란치스코."

사람들은 놀랐다. 2000년 교황 역사상 처음 등장한 이름이었다. '요한', '바오로', '베네딕토'라는 익숙한 계보가 아닌, 가난의 상징, 평화의 순례자, 아시시의 성 프란치스코. 그 이름을 택한 순간, 이미 그가 어떤 교황이 될지를 말하고 있었다.

기자들이 왜 그 이름을 선택했냐고 묻자, 프란치스코 교황은 이렇게 말했다.

"교황 선출이 확정된 직후, 제 친구인 브라질의 한 추기경이 제게 다가와 말했습니다. '가난한 이들을 잊지 마시오.' 그 순간, 제 마음에 프란치스코라는 이름이 떠올랐습니다."

프란치스코라는 이름은 단순한 선택이 아니었다. 그것은 선언이었다. 교회의 방향, 리더십의 중심, 신앙의 핵심이 '가난한 이를 향해 돌아가야 한다'는 선언이었다.

성 프란치스코는 부유한 집안에서 태어났지만, 모든 것을 내려놓고 가난을 택한 사람이었다. 그는 가난한 이와 병든 이를 위해 살았고, 동물과 자연조차 형제라 불렀으며, 무기를 들지 않고 적의 진영으로 걸어 들어간 평화의 사도였다. 프란치스코 교황은 바로 그 이름을 입고, 현대 교회의 길을 다시 그리기 시작했다.

그는 교황청 안에 전용 숙소의 금실을 벗고, 산타 마르타의 평범한 방에 들었고, 리무진 대신 작은 차를 탔으며, 빈자의 손을 먼저 잡았다. '프란치스코'라는 이름은, 그를 단 한 번도 떠나지 않았다. 그 이름은 매일 그에게 물었다.

"당신은 여전히 가난한 이의 편에 서 있습니까?"

"당신은 여전히 평화를 위해 무릎을 꿇을 수 있습니까?"

그리고 그는 매일의 선택으로 그 질문에 답했다.

그가 말한 '가난'은 단지 물질적 결핍이 아니었다. 관계에서 버려진 이들, 외로움 속에 있는 이들, 존재를 인정받지 못하는 이들의 상태. 그가 말한 '평화'는 단지 전쟁이 없는 상태가 아니었다.

마음에 원한이 없는 상태, 대화가 시작되는 공간, 타

인을 환대할 수 있는 용기. 그 이름 하나로, 그는 교회를 바꾸었고, 수많은 사람들의 시선을 다시금 하느님과 이웃, 그리고 자신 안의 가난한 영혼으로 돌려놓았다.

이제 사람들은 말한다.

"그는 프란치스코라는 이름을 택한 것이 아니라, 그 이름처럼 살아낸 사람이다."

아시시의 성자,
   교황의 영혼 속
등불

그는 교황이 되었지만, 늘 누군가의 이름을 따라 살았
다. 세상의 가장 높은 자리에 올랐으면서도, 가장 낮은
사람을 스승이라 불렀다. 그의 이름은 프란치스코, 그리
고 그 이름의 원형은 13세기 이탈리아의 작은 마을 아시
시에서 모든 것을 버리고 하느님을 따라간 사람, 성 프
란치스코(Francesco d'Assisi)였다.

프란치스코 교황은 말했다.

"내 마음에 가장 밝게 남은 사람은 아시시의 성 프란
치스코입니다. 그는 평화, 가난, 창조물, 그리고 가장

약한 자들을 사랑한 사람이었습니다. 그가 나의 영혼을 비추는 등불입니다."

아시시의 성 프란치스코는 부유한 상인의 아들로 태어나 젊은 시절에는 부와 쾌락을 즐겼지만, 전쟁과 병, 회심을 거쳐 모든 재산을 버리고 맨몸으로 하느님께 돌아간 이였다.

그는 자연을 형제로, 병자를 친구로, 가난을 스승으로 삼았다. 그리고 교회가 부와 권력에 흔들리던 시대, 그는 조용히 외쳤다.

"무너진 교회를 다시 세우라."

800년이 지난 지금, 프란치스코 교황은 바로 그 성자의 정신을 따라 현대 교회와 세상을 다시 바라보았다. 그는 가난을 수용이 아닌 선택으로 살아냈고, 평화를 협상의 말이 아닌 기도의 삶으로 실천했으며, 창조 세계를 생태학이 아닌 영성으로 안았다.

2015년 발표한 회칙 「찬미받으소서(Laudato si')」는 그 제목부터가 성 프란치스코의 기도문에서 따온 것이었다. 그는 인간 중심의 문명에 자연을 초대한 이 성자를 통해 지구의 신음에도 귀 기울이게 했다. 교황은 종종 말하곤 했다.

"성 프란치스코는 설교보다 먼저 사랑을 실천했습니다. 말보다 몸이 먼저 움직였고, 그 손끝에서 복음이 흘렀습니다."

그리고 자신도 그처럼 말이 아닌 삶의 방식으로 신앙을 전하고자 했다.

많은 이들이 교황에게 "가장 힘들 때 어떻게 견디십니까?" 묻자, 그는 고개를 들며 답했다.

"그럴 때면 아시시의 작은 성자, 그가 입은 거친 수단과 맨발을 떠올립니다. 그 발자국을 따라가면, 길을 잃지 않습니다."

성 프란치스코는 죽기 전, 이렇게 기도했다.

"나는 나의 몫을 다했습니다. 이제 여러분도 자신의 몫을 하십시오."

그 기도는 수백 년을 지나 프란치스코 교황의 가슴에

도 울렸고, 그의 손끝과 발끝에까지 작은 성자의 등불이 머물렀다. 세상은 종종 교황을 보고 말한다.

"그는 다르다."

하지만 그는 늘 말했다.

"나는 새로울 게 없습니다. 다만 오래된 복음을, 오래된 성자의 길을 따라가고 있을 뿐입니다."

그의 이름 안에 살아 있는 아시시의 성자 프란치스코. 그는 교황의 상징이 아니라, 그의 영혼을 밝히는 등불이었다.

나는 교황이기 전에,
당신의 형제입니다

세상은 그를 '성하(His Holiness)'라 부른다. 바티칸의 하얀 옷을 입고, 13억 명의 신자 위에 선 지도자. 그러나 프란치스코 교황이 스스로 선택한 첫 정체성은 '형제'였다.

그는 종종 이렇게 말했다.

"나는 여러분 위에 있지 않습니다. 나는 여러분 곁에 있고 싶습니다. 나는 교황이기 전에, 여러분의 형제입니다."

그 말은 결코 수사적인 표현이 아니었다. 그의 행동

하나하나에 그것은 살아 숨 쉬었다.

2013년 3월 13일.

교황으로 선출된 바로 그날 밤, 발코니에 처음 모습을 드러낸 그는 세상을 향해 이렇게 인사했다.

"부오나세라(Buona sera)"

그저 '안녕하세요'라는 저녁인사였다. 그 안에 권위도, 지시도 없었다. 이 단순한 인사는 인간으로서, 형제로서의 첫인사로 프란치스코 교황 리더십의 상징이 되었다. 이어서 교황은 축복하기 전에 기도를 부탁했다.

"여러분이 먼저 저를 위해 기도해 주십시오."

그는 다른 사람들이 자신을 '성하'라고 부를 때마다 되묻곤 했다.

"그냥 '프라텔로(Fratello, 형제)'라고 불러주세요. 제가 먼저 그렇게 부르고 싶습니다."

교황청 전용 숙소 대신 산타 마르타의 공동 숙소를 택한 것도, 식사를 경호원과 함께 나누는 것도, 직원의 이름을 외우려 애쓰는 것도, 모두 '형제됨'을 삶으로 실천하는 방식이었다.

한 번은 한 어린 소년이 일반 알현 중 교황의 옷자락을 잡고 말했다.

"교황님, 저도 신을 사랑해요."

교황은 무릎을 꿇고 아이의 눈높이에서 말했다.

"나도 그래. 우리는 같은 마음이야. 우리는 친구고, 형제야."

그는 단 한 번도 교회의 권위로 사람을 굴복시키지 않았다. 그는 함께 앉고, 함께 걷고, 함께 웃었다.

"나는 교황이기 전에, 죄인입니다."

"나는 교황이기 전에, 하느님의 자비를 입은 사람입니다."

그의 이런 고백들은 그가 스스로를 누구로 여기는지를 말해준다.

2020년, 코로나 팬데믹으로 전 세계가 멈춰섰을 때, 프란치스코 교황은 텅 빈 성베드로 광장에서 혼자 비를 맞으며 기도했다. 수천만 명이 화면으로 그 장면을 지켜

보았다. 그날 밤, 사람들은 교황을 지도자로 보지 않았다. 그는 우리와 함께 두려워하고, 함께 기도하는 '형제'로 있었다.

그 침묵의 장면은 그의 교황직 전체를 설명해주는 언어였다. 권위보다 동행, 지시보다 포용, 가르침보다 기도의 요청을 그는 진심으로 원했다. 우리가 그를 섬기지 않는 대신, 우리가 서로의 형제가 되기를 바랐다.

그는 말이 아닌 존재로 말했다.

"나는 교황이기 전에, 당신의 형제입니다."

'사랑하다' 보다
　　　더 깊은
'함께하다'

'사랑해요.'

이 말은 아름답지만, 때로는 가볍다. 말로는 쉽게 건넬 수 있지만, 그 말보다 깊은 사랑은 말하지 않아도 남는다.

프란치스코 교황은 그런 '말 없는 사랑'의 사람이었다. 그는 사랑을 선언하지 않았다. 대신 사랑을 '동행'으로 살아냈다. 한마디로 말하지 않아도, 그의 침묵과 시선, 손끝과 걸음에서 사람들은 사랑을 느꼈다. 그가 보여준 사랑은 기뻐할 때보다 고통 속에서 빛났다.

2015년, 그가 한 병원 병동을 찾았을 때였다. 말기 환자들, 그리고 그들을 간병하는 가족들이 지친 눈빛으로 조용히 앉아 있었다. 카메라 플래시도 없고, 연설도 없던 그 공간에서 교황은 한 사람 한 사람에게 다가갔다. 그리고 말을 아끼고, 손을 잡고, 눈을 맞췄다. 한 어머니는 훗날 이렇게 말했다.

"그분은 아무 말도 하지 않았습니다. 그런데도, 내가 혼자가 아니라는 걸 알 수 있었습니다."

그것이 교황의 사랑이었다. 말보다 더 깊은 동행, 침묵 속에서 건네는 마음.

"사랑이란 감정이 아닙니다. 사랑은 선택이며, 사랑은 상처 옆에 앉는 것입니다."

그는 그렇게 말했다.

그는 자주 '경청'을 사랑의 첫 번째 언어라 말했다. 정작 사랑을 말하는 이들은 상대의 고통을 들어주지 않기에, 그는 '사랑은 말하기보다 먼저 들어주는 일'이라 정의했다.

한 시리아 난민 아이가 교황을 만나기 위해 이탈리아에 도착했다. 그 아이는 부모를 잃고 말을 잃은 상태였다. 교황은 그 아이에게 말을 걸지 않았다. 그저 무릎을 꿇고, 아이가 고개를 들 때까지 기다렸다. 그리고 아이의 눈을 바라보며, 이마에 입을 맞췄다. 그날 그 아이는 몇 달 만에 처음으로 눈물을 흘렸다. 그리고 작게, 아주 작게 입을 열었다.

"감사해요."

그 한 마디는 수많은 '사랑해요'보다 무거웠다. 그리고 그 사랑은, 말보다 깊은 진심이 낳은 기적이었다. 프란치스코 교황에게 사랑은 '감정'이 아니라, 타인의 삶 안에 자리를 내어주는 것이었다.

그는 수없이 말했다.

"사랑이란, 내가 누구인가를 증명하는 것이 아니라 상대가 누구인지를 있는 그대로 받아들이는 것입니다."

그리고 그 받아들임은, '사랑해'라는 말보다 더 오래 기억되었다.

그가 건넨 사랑은 자리를 내어주는 식탁, 무릎 꿇는 리더십, 이름 없는 포옹, 그리고 침묵 속의 기도로 남았다. 그는 말없이 사랑했고, 그래서 그 사랑은 누구보다 깊었다.

끝까지
　　인간이고자 한
교황의 고백

교황.

세상에서 가장 경건해야 할 자, 무오류와 권위를 상징하는 하얀 옷. 그러나 프란치스코라는 이름을 가진 그 사람은 그 무게 속에서도 스스로를 '끝까지 인간이고자 했던 사람'으로 남고 싶어 했다.

그는 말했다.

"나는 죄인이며, 하느님의 자비를 입은 사람입니다."

이 말은 단 한 번의 고백이 아니라, 그가 교황직 내내 반복한 자신의 정체성이었다. 프란치스코 교황은 언제나

'나는 특별한 사람이 아닙니다'라고 말했고, 자신이 교황이라는 자리보다 '기도가 필요한 형제'임을 강조했다.

그는 자주 고해성사를 받았다. 심지어 일반 고해소에 앉아 먼저 죄를 고백했고, 세계가 지켜보는 성베드로 대성당 안에서 자신이 먼저 신부의 손에 이끌려 무릎을 꿇는 모습이 카메라에 담겼다. 그 장면은 '교황도 고백이 필요하다'는 사실 하나로, 수많은 이들의 가슴을 흔들었다. 그는 화려한 옷이 아니라, 무릎 꿇는 모습으로 복음을 전했다.

2014년 어느 날, 그는 평소처럼 산타 마르타의 공동 식당에서 아침 식사를 하던 중, 직원 한 명의 피곤한 표정을 보고 조용히 다가갔다.

"어제 무슨 일 있었어요?"

그 직원은 말을 아끼다가, 가족의 병환을 털어놓았다. 교황은 그 자리에 무릎을 꿇고 그를 위해 즉석에서 기도했다. 그리고 이렇게 말했다.

"나도 가족을 잃어봤어요. 그래서 알아요. 우리 모두

같은 사람이에요."

그는 교황이기 전에, 누군가의 아들, 친구, 죄인, 형제였고 그 모습으로 끝까지 살고자 했다.

그 말 속에서 사람들은 신앙 안에서도 흔들리는 인간의 진심을 보았다.

어느 날 한 기자가 그에게 물었다.

"당신이 죽고 난 뒤, 사람들에게 어떻게 기억되길 바라십니까?"

프란치스코 교황은 잠시 침묵하다가 말했다.

"나는 그저 이렇게 남고 싶습니다. '그는 사람으로 살았다. 끝까지 인간이었다.'"

그가 떠나는 날, 누군가는 그를 '개혁가'라 부를 것이고, 누군가는 '예언자'라 기억할 것이다. 하지만 더 많은 이들은 이렇게 말할 것이다.

"그는 하느님 앞에서 정직하게 인간이고자 했던 사람이다."

침묵의 기도,
세상을 울리다

2025년 4월 21일, 부활절 다음 날 아침, 프란치스코 교황은 바티칸의 도무스 산타 마르타에서 88세의 나이로 선종했다. 그의 마지막 순간은 조용하고 평화로웠으며, 고통 없이 세상을 떠났다. 그의 마지막 말은 오랜 간병인이자 친구인 마시밀리아노 스트라페티에게 전한 감사의 인사였다.

"광장으로 다시 데려다줘서 고맙소."

이는 그가 부활절 전날, 마지막으로 성베드로 광장에서 신자들과 인사를 나눈 것을 의미한다. 그는 몸이 불

편한 상태에서도 신자들과의 만남을 소중히 여겼고, 그 순간을 감사히 여겼다.

그의 서거 소식이 전해지자, 전 세계는 깊은 슬픔에 잠겼다. 성베드로 대성당에는 수많은 신자들이 모여들었고, 그들의 발걸음은 밤낮을 가리지 않았다. 바티칸은 예상보다 많은 조문객을 수용하기 위해 대성당을 밤새 개방하였다.

대성당 내부는 침묵으로 가득했다. 사람들은 말없이 줄을 서서, 단순한 나무관에 안치된 교황의 시신 앞에서 기도하며 마지막 인사를 나누었다. 그의 관 옆에는 부활의 상징인 파스칼 초가 놓여 있었고, 스위스 근위병이 조용히 지키고 있었다.

프란치스코 교황은 생전에 침묵의 힘을 자주 강조했다. 그는 "침묵은 단순히 말이 없는 상태가 아니라, 지혜와 성찰, 성령의 음성에 귀 기울이는 시간입니다"라고 말했다.

그의 장례식은 4월 26일 토요일 오전 10시에 성베드로 광장에서 거행되었다. 전 세계에서 모인 130개국의 대표단과 50명의 국가 원수들이 참석하였으며, 수많은 신자들이 함께하였다. 프란치스코 교황은 생전에 화려한 장례를 원치 않았다. 그는 성베드로 대성당이 아닌, 로마의 산타 마리아 마조레 대성당에 안장되기를 희망했으며, 그의 무덤은 단순한 비문 '프란치스쿠스(Franciscus, 교황의 이름을 라틴어로 한 단어)'만이 새겨진 소박한 모습이었다.

이러한 선택은 그가 평생 강조해 온 겸손과 단순함의 연장이었다. 그는 화려한 의전보다 소박한 삶을 선택했고, 권위보다 섬김을 중시했다. 그의 이러한 삶의 자세는 많은 이들에게 깊은 감동을 주었고, 교회가 진정으로 섬김의 공동체임을 상기시켰다.

프란치스코 교황의 침묵은 단순한 정적이 아니었다. 그것은 세상을 향한 깊은 외침이었으며, 그의 삶과 죽음을 통해 그 침묵의 힘은 더욱 빛을 발하였다.

프란치스코 교황의 생애와 사역에서 '침묵'은 단순한

말의 부재가 아니라, 깊은 성찰과 영적 통찰을 위한 적극적인 선택이었다. 그는 침묵을 통해 하느님의 음성에 귀 기울이며, 세상의 소음 속에서 진정한 메시지를 전달하고자 했다.

교황은 종종 "침묵은 단순히 말이 없는 상태가 아니라, 지혜와 성찰, 성령의 음성에 귀 기울이는 시간입니다"라고 말했다. 이러한 침묵은 그가 고통받는 이들과 함께할 때, 또는 중요한 결정을 내릴 때 더욱 두드러졌다.

그의 장례식에서도 이러한 침묵의 힘은 여실히 드러났다. 성베드로 대성당에 모인 수많은 신자들은 말없이 줄을 서서, 단순한 나무관에 안치된 교황의 시신 앞에서 기도하며 마지막 인사를 나누었다. 그의 관 옆에는 부활의 상징인 파스칼 초가 놓여 있었고, 스위스 근위병이 조용히 지키고 있었다. 이러한 침묵은 교황의 삶과 죽음을 통해 전달된 깊은 메시지였다.

프란치스코 교황은 침묵을 통해 세상의 고통에 공감하고, 하느님의 뜻을 묵상하며, 진정한 사랑과 자비를 실천했다. 그의 침묵은 단순한 정적이 아니라, 세상을 향한 깊은 외침이었다.

그의 삶과 죽음을 통해 우리는 침묵의 진정한 의미를 되새기게 된다. 말보다 더 큰 울림을 주는 침묵의 힘은, 오늘날 우리에게도 깊은 성찰과 실천을 요구하고 있다.

우리에게
남긴
교황의 가르침

프란치스코 교황은 단순한 종교 지도자가 아니라, 시대를 초월하는 메시지를 우리에게 남긴 사람이다. 그의 가르침은 특정 신앙을 넘어 인간으로서 살아가는 방식에 대한 깊은 성찰을 담고 있다. 그는 말과 행동으로 사랑과 섬김, 겸손과 나눔을 실천했고, 우리에게 삶을 변화시키는 힘을 보여주었다.

그는 늘 "섬김은 힘보다 강하고, 사랑은 경계를 무너뜨린다"라고 말했다. 세상이 흔히 강한 자만이 살아남고, 힘을 가진 자가 세상을 지배한다고 믿을 때, 교황은 반대로 낮은 자리에서 봉사하는 것이야말로 진정한 힘임을 증명했다.

그가 남긴 가장 강렬한 가르침 중의 하나는 우리 모두가 서로를 돌보고 사랑해야 한다는 것이다. 한겨울 바티칸 광장에서 그는 노숙자들의 손을 잡으며 따뜻한 미소를 지었다. 많은 사람이 그를 보고 놀랐지만, 그는 자연스럽게 그들과 이야기를 나누며 "당신은 혼자가 아닙니다"라고 말했다.

그 순간, 그는 단순한 지도자가 아니라, 우리와 같은 인간으로서 다가갔다. 교황의 행동은 세상의 벽을 허물고, 사랑으로 연결하는 것이야말로 우리가 해야 할 일임을 깨닫게 했다.

프란치스코 교황은 용서와 화해의 중요성도 강조했다. 그는 전통을 깨고 여성과 무슬림 청소년의 발을 씻어주며, 인류가 만들어놓은 차별과 경계를 허물었다. 그는 우리에게 질문을 던진다. 우리는 서로를 구분하는 경계를 만드는가, 아니면 사랑으로 다리를 놓는가? 그는 늘 "종교가 우리를 나누는 것이 아니라, 사랑이 우리를 하나로 만듭니다"라고 말했다.

교황의 가르침은 가난한 이들을 위한 정의와 경제에도 깊이 스며들어 있다. 그는 단순한 자선 활동을 넘어서 경제가 인간을 위한 것이어야 한다고 말했다.

"경제는 가난한 사람들을 위한 것이어야 합니다. 그들을 배제하는 경제는 건강한 경제가 아닙니다."

그는 부유한 자들에게도 "돈이 아니라 사람을 먼저 생각하십시오"라는 메시지를 전하며, 경제 구조가 단순한 숫자가 아니라 인간 중심으로 변화해야 한다고 말했다. 그의 가르침은 기업가들과 정치인들에게도 깊은 울림을 주었고, 일부는 그의 메시지를 실천하기 위해 정책을 바꾸기도 했다.

젊은이들에게도 희망과 용기를 건넸다. 세계청년대회에서 그는 "삶의 한편에 정체돼 있지 마십시오. 원대한 꿈을 꾸십시오"라고 말했다. 그러면서 어떠한 어려움 속에서도 희망을 잃지 않고, 적극적으로 자신의 삶을 개척해야 한다고 강조했다. 그는 이를 행동으로 보여주었다.

한 젊은이가 교황에게 "저는 실패한 사람입니다"라고 털어놓았을 때, 교황은 그의 손을 잡고 "당신은 실패한 사람이 아닙니다. 당신은 사랑받기 위해 태어난 사람입니다"라고 말했다. 그 순간, 그 젊은이는 눈물을 흘리며 교황을 꼭 안았다. 주변에 있던 많은 사람이 감동을 받았고, 교황의 메시지는 단순한 위로가 아니라 삶을 변화시키는 힘이 되었다.

프란치스코 교황의 가르침은 환경보호에도 닿아 있다. 그는 "지구는 우리의 공동의 집입니다. 우리는 그것을 돌봐야 합니다"라고 말했다. 환경보호는 단순히 미래 세대를 위한 것이 아니라, 우리 삶 속에서 실천할 수 있는 작은 변화에서 시작된다. 일회용품을 줄이고, 자연을 보호하는 작은 행동 하나가 결국 더 큰 변화를 가져올 수 있다. 그는 인간이 자연을 돌보아야 한다는 책임을 강조하며, 우리 모두가 실천해야 한다고 말했다.

결국, 프란치스코 교황의 가르침은 단순한 철학이 아

니라, 우리 삶을 변화시키는 실제적인 메시지이다. 그는 우리에게 질문을 던진다.

'우리는 힘을 움켜쥐는가, 아니면 나누는가?' '우리는 경계를 만드는가, 아니면 사랑으로 다리를 놓는가?' '우리는 가난한 이들을 외면하는가, 아니면 그들과 함께하는가?'

그의 삶을 통해 우리는 깨닫는다. 우리가 선택하는 작은 행동들이 모여, 결국 세상을 바꾸는 큰 힘이 될 수 있음을. 그는 우리에게 마지막으로 이렇게 말한다.

"희망을 잃지 마십시오. 작은 선한 행동이 세상을 바꿉니다."

그 변화는 바로 우리 손에 달려 있다.

뒷머리의
뒷모습

사람들은 그의 얼굴을 기억할 것이다. 광장에서 손을 흔들며 미소 지었던 모습, 하얀 수단 아래서 축복을 전하던 순간들. 하지만 시간이 지나면, 더 오래 남는 것은 그가 떠날 때 보였던 뒷모습일 것이다.

'뒷머리의 뒷모습.'

세상의 환호를 뒤로하고, 천천히 돌아서던 순간, 그가 남긴 침묵과 여운. 프란치스코 교황은 마지막까지 거창한 유산을 말하지 않았다. 그는 책도, 동상도, 기념관도 원하지 않았다. 다만, 사람들이 그를 하느님 앞에서 진실하게 살았던 한 사람으로 기억해주길 바랐다.

그의 발걸음은 조용했지만 그의 선택은 뚜렷했다. 위로 올라가기보다 곁에 남기를, 말하기보다 귀 기울이기를, 앞서가기보다 뒤따르기를. 그는 무대의 중심에서 등을 돌려 고통의 자리로 걸어갔고, 박수소리가 그칠 때도 기도를 멈추지 않았다.

우리가 마지막으로 보게 될 그의 모습은 강단 위의 연설이 아니라, 성당 뒤편에서 노숙자와 마주 앉아 빵을 나누던 그 장면일지도 모른다.

그는 "교황직은 역할이 아니라 십자가"라고 말했다.

그는 그 십자가를 소리 없이 짊어졌고, 십자가 아래서 우리의 죄와 상처와 침묵을 함께 앓았다. 그의 뒷모습을 따라 걷다 보면 우리는 깨닫게 된다. 그가 남긴 가장 위대한 유산은 '가르침'이 아니라, 함께 울고, 함께 웃고, 함께 걸었던 시간이라는 것을.

어느 날, 한 노인이 말했다.

"나는 그의 얼굴보다, 그의 등을 더 많이 기억합니다.

그는 늘 먼저 걸어갔고, 우리를 돌아보지 않았지만, 우리는 그 등이 늘 우리를 기다리고 있었다는 걸 압니다."

그가 떠난 광장에 남은 건 아무것도 없었지만, 우리 마음 안엔 여전히 한 사람이 남긴 따뜻한 뒷모습이 있다. 말없이 걸어간 사람. 끝까지 인간으로 남고자 한 교황. 그리고, 그가 돌아선 자리에서 피어난 복음.

그것이 우리가 기억해야 할 '뒷머리의 뒷모습'이다.

참고자료

1부. 한 사람의 기도, 세상의 희망
- 바티칸 뉴스, 「프란치스코 교황의 첫 등장: '부오나세라'」, 2013년 3월 13일
- BBC 뉴스, 「프란치스코 교황: 겸손한 교황」, 2013년 3월 14일

2부. 섬김으로 이끄는 리더십
- 바티칸 뉴스, 「성목요일에 죄수들의 발을 씻은 프란치스코 교황」, 2015년 4월 2일
- 뉴욕타임스, 「프란치스코 교황의 겸손한 교황 전용차」, 2013년 3월 18일

3부. 만남은 기적을 낳는다
- 바티칸 뉴스, 「뇌성마비 소년을 안은 프란치스코 교황」, 2013년 11월 6일
- CNN, 「뇌종양 아기에게 입맞춤한 프란치스코 교황」, 2015년 9월 26일
- 알자지라, 「프란치스코 교황과 이슬람 최고 지도자의 역사적 선언문 서명」, 2019년 2월 4일
- 연합통신, 「왜 하느님은…」 눈물 흘린 필리핀 고아 소녀 안아준 교황, 2015년 1월 8일

4부. 고요한 믿음의 외침
- 바티칸 뉴스, 「빈 성베드로 광장에서 기도한 프란치스코 교황」, 2020년 3월 27일
- 로이터, 「팬데믹 희생자를 위한 프란치스코 교황의 침묵 기도」, 2020년 3월 27일

5부. 프란치스코, 그 이름의 의미
- 바티칸 뉴스, 「프란치스코 교황: '나는 가난한 이를 위한 가난한 교회를 원합니다'」, 2013년 3월 16일
- 내셔널 가톨릭 리포터, 「프란치스코 교황과 아시시의 성 프란치스코」, 2013년 3월 17일
- 아메리카 매거진과의 인터뷰, 2013년 9월 25일

프란치스코 교황의 고요한 섬김

1판 1쇄 인쇄 2025년 05월 20일
1판 1쇄 발행 2025년 05월 25일

지은이 인창수
펴낸이 인창수
펴낸곳 태인문화사
신고번호 제2021-000142호(1994년 4월 12일)
주소 경기도 파주시 탄현면 참매미길 234-14, 1403호
전화 031) 943-5736
팩스 031) 944-5736
이메일 taeinbooks@naver.com
ISBN 979-11-93709-07-8 (03230)